Tutelle, curatelle
Protéger un proche

Dans la même collection

Logement

L'assemblée générale de copropriété – Mars 2019
Acheter ou vendre en viager – Mars 2019
Les relations de voisinage – Mars 2019
Créez et gérez votre SCI – Décembre 2018
Acheter ou vendre votre logement – Juillet 2018
Gérez votre location meublée ou saisonnière – Juillet 2018
Réussir votre location – Avril 2018
Propriétaires, locataires : à chacun ses dépenses – Mars 2018
Bien négocier votre crédit immobilier – Décembre 2017
Devenir syndic bénévole de copropriété – Novembre 2017
Devenir conseiller syndical de copropriété – Novembre 2017
Organiser et voter les travaux en copropriété – Octobre 2017
Copropriété : Maîtrise des charges et comptabilité – Septembre 2017
Faire réaliser des travaux – Septembre 2017
Gérer un bail commercial ou professionnel – Avril 2017

Famille

Divorce : préservez vos intérêts – Septembre 2019
Guide pratique du tuteur et curateur familial – Septembre 2019
Assurer l'avenir de votre conjoint – Juin 2019
Préparez votre succession – Juin 2019
Faire face au décès d'un proche – Février 2019
Les droits des personnes handicapées – Octobre 2018
Réussir sa famille recomposée – Septembre 2018
Recueillir un héritage – Juillet 2018
Anticiper la dépendance – Juin 2018
Conclure un Pacs – Avril 2018
Se marier et gérer son patrimoine – Février 2018
Votre notaire et vous – Décembre 2017
Employer du personnel à domicile – Novembre 2017
Aider financièrement vos enfants – Octobre 2017
Assurance-vie : les stratégies gagnantes – Juin 2017

Vie professionnelle

Retraite : état des lieux et réforme – septembre 2019
Créer et gérer une association loi 1901 – Juin 2018
Devenir micro-entrepreneur – Juillet 2017

CHAPITRE 1

LES PREMIÈRES MESURES D'ASSISTANCE

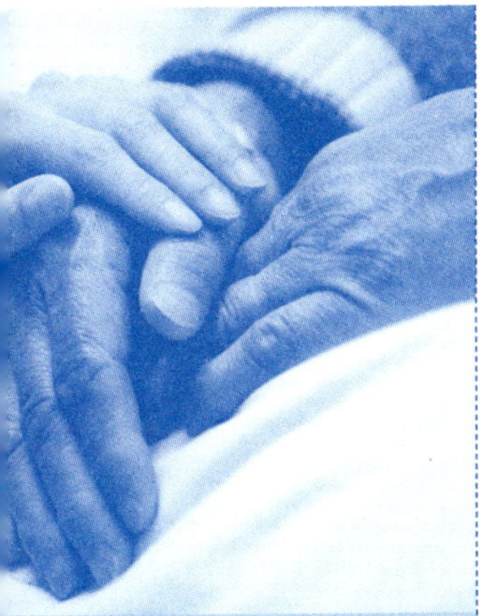

Agir à la place d'une personne empêchée ou affaiblie

Il est possible qu'un de vos proches se trouve, de façon momentanée, dans une situation difficile, qui l'empêche d'avoir le discernement ou la disponibilité physique nécessaire à la bonne gestion de ses intérêts patrimoniaux. Dans ce cas, envisager une mesure de protection comme la sauvegarde de justice, la curatelle, la tutelle ou même l'habilitation familiale (voir chapitre 4) serait, a priori, exagéré et tout à fait prématuré. Si l'état de la personne que vous aidez venait à empirer, il serait temps, alors, d'envisager de faire jouer de tels dispositifs beaucoup plus lourds. Mais sachez qu'avant d'en arriver là, il existe, dans notre droit, tout un arsenal de règles qui permet de pallier ponctuellement la carence, l'absence, la déficience... d'un proche.

La gestion d'affaires

Vous appelez un plombier et réglez sa facture pour aider votre grand-tante de 94 ans, affolée par la fuite d'eau d'une canalisation rompue, ou bien vous ouvrez le courrier et vérifiez les comptes bancaires de votre voisin de palier hospitalisé d'urgence à la suite d'un accident de la route... Lorsque vous gérez ainsi les affaires d'autrui sans y avoir été autorisé au préalable, vous entrez, de fait, dans un dispositif prévu par la loi : celui de la « gestion d'affaires » *(art. 1301 à 1301-5 du Code civil)*. C'est le caractère spontané et imprévu de l'intervention qui distingue la gestion d'affaires du mandat (voir p. 18), les deux mécanismes étant, par ailleurs, assez proches.

Les critères de la gestion d'affaires

La gestion d'affaires est une situation dans laquelle une personne (appelée le gérant) prend l'initiative d'agir pour le compte d'une autre (le géré, appelé aussi « maître de l'affaire ») pour lui rendre service, mais sans en avoir reçu l'ordre ou la permission préalable.

L'aide doit être apportée bénévolement. Ce mécanisme s'applique généralement dans des situations d'urgence, dans lesquelles le géré n'a pas le temps ou n'est pas en état de donner un mandat explicite au gérant. Pour reconnaître l'existence d'une gestion d'affaires et y attacher les conséquences juridiques prévues par les textes, les tribunaux exigent la réunion de plusieurs critères. L'aide du gérant apportée au géré, qui ne s'y oppose pas, doit être utile, spontanée et bénévole.

Les dépenses exposées par le gérant lui sont remboursées. Si les critères de la gestion d'affaires sont bien remplis, le gérant peut exiger d'être remboursé des dépenses qu'il a exposées pour le géré *(art. 1301-2 du Code civil)*. Dès lors qu'il peut prouver la dépense (par tout moyen), le gérant a droit au remboursement de celle-ci, augmentée des intérêts (au taux légal, soit 3,40 % au 1er semestre 2019) à compter du jour où la dépense a été effectuée. C'est au géré de prouver, le cas échéant, que la dépense n'était pas utile, et qu'il n'a donc pas à la rembourser. Tel fut le cas dans une affaire où une grand-mère avait organisé et réglé les obsèques de ses petits-enfants, décédés dans un accident, à la place de sa fille hospitalisée : la démarche était certes opportune, mais ne justifiait pas la commande d'un caveau de six places et d'un monument funéraire d'un prix élevé *(CA Amiens, 1re ch., 15.1.2004, n° 02/00897)*.

La gestion d'affaires est gratuite. Le gérant doit aussi être indemnisé de tous les engagements personnels qu'il a pris dans l'intérêt de celui dont l'affaire a été utilement gérée *(art. 1301-2 du Code civil)*. Autrement dit, s'il a traité avec un tiers en son propre nom (il est donc personnellement engagé), mais dans l'intérêt de la personne aidée, cette dernière doit assumer les conséquences financières de ces engagements, soit directement (si la facture n'a pas encore été présentée, par exemple), soit en remboursant la somme avancée par le gérant. En revanche, le gérant ne peut, en aucun cas, prétendre à une rémunération. Par définition, la gestion d'affaires est altruiste et donc gratuite.

Le gérant peut se faire indemniser du préjudice subi. Si le gérant d'affaires subit un préjudice au cours de son intervention, il peut demander des dommages et intérêts à la personne qu'il a aidée, sous réserve de ne pas avoir commis d'imprudence (appréciée selon les circonstances par les juges, en cas de conflit). Par exemple, si vous apportez spontanément votre aide à votre voisine, qui ne peut plus se déplacer, pour transporter une bouteille de gaz dont elle a besoin, et si, au cours de cette opération, vous vous blessez alors que vous n'avez pas commis d'imprudence, vous êtes en droit de demander à la personne à laquelle vous avez rendu service l'indemnisation de vos préjudices *(CA Rouen, 22.6.1994, n° 92/04435 et 92/04562).*

Quels actes le gérant d'affaires peut-il passer ?

Le type d'actes que le gérant d'affaires peut accomplir au nom de celui qu'il aide est important. En principe, il est susceptible de réaliser les actes simples de la vie courante comme les plus graves. Toutefois, dans les faits, le gérant d'affaires accomplit généralement des actes conservatoires (voir p. 150) ou des actes d'administration (voir p. 150). Les actes conservatoires sont des actes par lesquels on maintient en état un patrimoine (telle une réparation). Les actes d'administration sont des actes de gestion courante (telles la vente de meubles, l'ouverture d'un compte de dépôt, la gestion d'un bail d'habitation...). En tout état de cause, les tribunaux considèrent que la gestion d'affaires ne peut concerner que l'administration des biens, et non des actes touchant à la personne même du géré. Un gérant d'affaires ne pourrait donc pas accomplir ce que les juristes appellent des actes extrapatrimoniaux. Par exemple, si vous gérez ponctuellement les affaires de votre mère ou de votre fils, vous ne pouvez pas autoriser en son nom la conclusion d'une transaction prévoyant l'indemnisation de son dommage corporel après un accident *(CA Paris, 26.1.1988, n° 86/12795).*

> **+** Il est rare (mais pas impossible) que dans une situation, par définition d'urgence, le gérant soit amené à accomplir **des actes de disposition**, c'est-à-dire modifiant la composition du patrimoine (comme une vente d'un bien immobilier ou l'acceptation pure et simple d'une succession).

La responsabilité du gérant

Gérer spontanément les affaires d'un proche engendre des devoirs. **Le gérant doit agir en bon père de famille.** Telle était la formule retenue par la loi avant qu'elle ne soit retirée du Code civil. Désormais, le gérant « est tenu d'apporter à la gestion de l'affaire tous les soins d'une personne raisonnable » *(art. 1301-1, al. 1 du Code civil)*, comme il le ferait pour lui-même ou sa famille, avec prudence et circonspection. Il doit aussi gérer intégralement les affaires qu'il a prises en charge, jusqu'à ce que la personne empêchée soit à nouveau en état de s'occuper elle-même de ses affaires, ou bien jusqu'à ce qu'une procédure (tutelle...) désigne un administrateur officiel pour prendre la relève. Ou bien encore, le cas échéant, jusqu'à ce qu'un héritier puisse le faire.

Le gérant doit rendre compte de sa gestion. Même si la loi ne l'impose pas explicitement, le gérant doit aussi rendre compte de sa gestion. Cette reddition de comptes, qui ne prend aucune forme particulière (il suffit au gérant de produire factures, livres de comptes ou tout document relatif à la gestion), doit être faite, selon les circonstances, à la personne aidée elle-même, à sa famille ou à ses héritiers.

La gestion d'affaires peut être ratifiée a posteriori. Notez enfin que la personne aidée peut ratifier la gestion d'affaires a posteriori. Entendez par là qu'elle approuve, après coup, les actes faits pour son compte par le tiers qui n'avait pas reçu de mandat. Cette ratification n'est soumise à aucune condition de forme, l'essentiel étant que la volonté de la personne qui ratifie ne fasse pas de doute. La ratification peut ainsi être expresse ou tacite, et même résulter du simple fait que le géré ne se soit pas opposé à la gestion quand il en a eu connaissance et qu'il en ait profité. La ratification n'a pas grand intérêt quand la gestion d'affaires était incontestablement utile et a été réalisée sans faute engageant la responsabilité du gérant d'affaires. En revanche, elle est particulièrement opportune pour ce dernier s'il apparaît que le critère de l'utilité faisait défaut, voire si des fautes (a priori légères) peuvent lui être reprochées. En effet, sous réserve qu'elle intervienne en toute connaissance de cause, la ratification par le géré purge la gestion d'affaires de ses éventuelles irrégularités. La ratification transforme alors rétroactivement la gestion d'affaires en mandat.

Le mandat ou la procuration

Le mandat est le contrat par lequel une personne (appelée mandant) donne à une autre personne (appelée mandataire) le pouvoir, que celle-ci accepte, d'accomplir en son nom et pour son compte un ou plusieurs actes juridiques *(art. 1984 à 2010 du Code civil).* Le mandat est donc caractérisé par le pouvoir donné au mandataire de représenter le mandant (le mandataire n'agit pas pour lui-même), cette délégation de pouvoir étant prévue à l'avance. Notez que le mandat ainsi défini par le Code civil est conçu en termes généraux. Entendez par là qu'il n'est pas réservé aux personnes vulnérables en raison d'une infirmité, d'une maladie ou d'une situation personnelle difficile. Il est d'ailleurs impossible à une personne frappée d'« incapacité » (au sens juridique du terme, voir p. 172) de conclure un mandat. En revanche, le mandat est un excellent outil lorsqu'on sait devoir traverser, de façon ponctuelle, une période difficile pendant laquelle on risque de ne pas avoir la lucidité ou la disponibilité de gérer tout ou partie de ses affaires (en prévision d'une hospitalisation, d'un traitement médical lourd ou invalidant...). Si vous le pouvez, indiquez une durée déterminée, par exemple « six mois ». À défaut, soyez le plus précis possible, par exemple, « pendant la durée de mon hospitalisation ». Il est même possible d'organiser à l'avance sa protection future (si l'on craint de ne plus pouvoir du tout s'occuper de ses intérêts en raison de son âge ou de son état de santé). Il suffit alors de rédiger un « mandat de protection future », en désignant un tiers qui sera chargé de s'occuper de ses intérêts, le jour où on ne pourra plus le faire soi-même (voir chapitre 2).

La forme du mandat

Un mandat peut prendre la forme d'un acte sous-seing privé, c'est-à-dire qu'il peut être rédigé sans l'intervention d'un notaire entre le mandataire et le mandant, sur une simple feuille de papier, manuscrit ou imprimé (voir notre modèle p. 164). Une formule qui a le mérite d'être rapide et de ne rien coûter. Mais le mandat peut également être passé par acte authentique devant notaire, on parle également de procuration notariée. Comptez dans ce cas une centaine d'euros environ. La démarche présente d'indéniables avantages. D'une part, l'acte rédigé par le notaire est difficilement contestable (les contestations portent souvent sur la preuve de la signature du mandat ou la capacité du mandant). D'autre part, cela permet de bénéficier des conseils d'un professionnel du droit de la famille et de la gestion patrimoniale. Le notaire pourra, en effet, entendre chacun des protagonistes et rédiger le mandat en fonction de ce qu'il a perçu de la situation familiale. Un mandat notarié est d'ailleurs obligatoire dès lors qu'il est établi pour l'accomplissement d'un acte qui nécessite lui-même la rédaction d'un acte authentique. Par exemple, l'achat ou la vente d'un bien immobilier, ou une donation. Le mandat peut être conçu en termes très généraux, notamment si le mandataire doit accomplir des actes courants, dits conservatoires (par exemple une simple réparation) ou d'administration (telle la gestion d'un bail courant). En revanche, pour les actes susceptibles d'affecter gravement le patrimoine du mandant, que les juristes appellent les actes de « disposition », le mandat doit être « spécial » : sa rédaction doit réduire le champ d'intervention du mandataire à l'acte en question. Par exemple, votre mère peut vous avoir donné un mandat général (que l'on appelle aussi procuration) pour gérer l'appartement qu'elle donne en location. Ce mandat va vous permettre de percevoir les revenus locatifs en son nom et de les déposer sur son compte courant, de faire effectuer les réparations qui s'imposent, de résilier le bail si nécessaire... Mais si votre mère souhaite que vous vendiez cet appartement pour elle, elle doit alors vous donner un nouveau mandat, spécialement établi pour passer en son nom l'acte de vente, et forcément notarié celui-là.

Les relations entre mandant et mandataire

Le mandataire a l'obligation d'exécuter le mandat jusqu'à l'accomplissement de sa mission *(art. 1991, al. 1 du Code civil).*

Le mandataire n'a pas d'obligation de résultat. Notez que le mandataire n'a pas l'obligation de réussir sa mission : il a l'obligation de l'entreprendre et de mettre en œuvre tous les moyens permettant de concourir à sa réussite. Il ne doit pas dépasser les limites de son mandat. Il lui faut agir avec fidélité et loyauté. Entendez par là qu'il doit agir dans l'intérêt du mandant, et en toute transparence à l'égard de ce dernier. Il est tenu d'accomplir sa tâche avec diligence, à savoir dans les meilleurs délais, mais avec prudence. Sa responsabilité pourrait être engagée s'il n'exécutait pas la mission qui lui a été confiée *(art. 1991, al. 1 du Code civil)* ou s'il commettait une faute ou se livrait à des manœuvres frauduleuses en l'exécutant *(art. 1992 du Code civil)*. Cette responsabilité est appréciée par les juges selon les circonstances en cas de conflit, et en particulier en tenant compte du fait que le mandataire est un bénévole (de qui on ne peut attendre plus que ses compétences personnelles) ou un professionnel (qui doit agir selon les règles de l'art de sa profession).

> Que **la procuration** confiée soit générale ou particulière, le mandant ne perd pas le pouvoir d'effectuer lui-même les actes s'il le désire.

Le mandataire doit rendre compte de sa mission. Le mandataire doit aussi rendre compte de l'exécution de sa mission (pas seulement au sens comptable). Il est préférable de prévoir dans le mandat les délais et conditions de cette reddition de comptes, la loi ne précisant rien à cet égard.

La fin du mandat. Le mandant peut révoquer le mandat, totalement ou partiellement, quand bon lui semble, mais sans abus. Tel sera le cas s'il est à nouveau capable de gérer lui-même ses affaires à l'issue de son traitement médical, par exemple. Le mandataire est également en droit de révoquer le mandat. En principe, le décès du mandant met fin au mandat *(art. 2003 du Code civil)*. Le mandataire peut toutefois être obligé de poursuivre sa mission « s'il y a péril en la demeure » *(art. 1991, al. 2 du Code civil)*. Les termes du mandat peuvent aussi prévoir qu'il continuera après le décès du mandant. Il est même possible que le décès de ce dernier marque le début de la mission du mandataire (tel est le cas dans un mandat à effet posthume, voir p. 172). En principe, le décès du mandataire met aussi fin au mandat. Enfin, le mandat disparaît si mandant ou mandataire sont placés sous tutelle *(art. 2003 du Code civil)*.

> Si la santé mentale du mandant se dégrade, le mandataire doit immédiatement **cesser d'utiliser la procuration**. À défaut, les actes réalisés pourraient être remis en cause car entachés de nullité.

La rémunération du mandataire

La loi considère le mandat comme un contrat effectué à titre gratuit, bénévolement. Ce qui n'empêche pas la jurisprudence de préciser, depuis longtemps, que le mandataire peut recevoir une rémunération *(art. 1986 du Code civil)*. Mieux, le mandataire est présumé salarié dès lors que le mandat est confié à une personne dont la profession est, justement, de s'occuper des affaires d'autrui (une société de gestion de portefeuilles, un agent immobilier...). Attention toutefois : si le mandataire exerce une profession réglementée (dont le statut prévoit une rémunération tarifée), il ne peut exiger une rémunération supérieure à celle prévue par son tarif professionnel. À part cela, la loi n'impose aucune règle : la rémunération du mandataire peut être forfaitaire ou proportionnelle, fixée en pourcentage ou par référence à un barème professionnel. Quand elle est prévue, la rémunération doit être mentionnée expressément dans le contrat, et n'est due que si le mandataire a exécuté sa mission. En tout état de cause, le mandataire a droit au remboursement intégral des sommes qu'il a personnellement déboursées au nom du mandant. Enfin, il est en droit de demander des dommages et intérêts au mandant s'il a subi un préjudice en exécutant sa mission dans des conditions normales (sans commettre d'imprudence).

La procuration bancaire

Votre père ne tient plus ses comptes, n'ouvre plus ses relevés bancaires, n'a plus la force de se déplacer jusqu'à la banque ou, tout simplement, n'ose plus faire de chèque parce que son écriture est devenue illisible ou parce qu'il craint de se tromper dans le montant. Ou bien, votre meilleur ami doit être hospitalisé, et ne pourra donc plus s'occuper de ses comptes pendant un laps de temps qui n'est pas forcément déterminé. Il existe des solutions pour aider votre proche dans ces circonstances.

Dans un premier temps, vous pouvez lui conseiller de procéder à des autorisations de prélèvement automatique pour ses factures d'eau, de gaz, d'électricité, de téléphonie... Vous pouvez aussi lui suggérer de vous confier les codes d'utilisation à distance de son compte courant, afin de pouvoir le gérer par téléphone ou Internet. Dans un second temps, vous pouvez l'aider en gérant directement ses comptes à sa place, grâce à une procuration bancaire. Une telle procuration n'est ni plus ni moins qu'un mandat spécial (voir p. 19). Concrètement, il s'agit d'autoriser par écrit un mandataire de son choix à exécuter en son nom et pour son compte toutes les transactions que l'on exécute normalement soi-même : signer des chèques, réaliser des dépôts, des virements...

+ Aujourd'hui, la plupart des établissements bancaires proposent des **formulaires types** qui permettent de donner **procuration** à un tiers.

Pour quels actes ?

Une procuration bancaire peut, comme tout mandat, être adaptée aux besoins du proche et prévoir des pouvoirs plus ou moins étendus au profit du mandataire. Certaines procurations sont très générales et octroient des pouvoirs pour tout type d'opérations sur tous les comptes ouverts dans l'établissement. D'autres sont, au contraire, plus ciblées.

Une procuration peut être limitée dans le temps. Elle peut être donnée pour une période déterminée, par exemple, le temps d'un séjour à l'hôpital, auquel cas vous devez le préciser dans le document écrit. En l'absence de précision sur la durée, la procuration sera présumée permanente. Dans tous les cas, vous ou votre mandant pouvez à tout moment mettre fin à la procuration. Si la démarche vient du mandant, il suffit qu'il vous en informe. Vous devrez alors lui restituer votre copie de la procuration *(art. 2004 du Code civil)*. Si la démarche vient de vous (le mandataire), vous devez informer le mandant de votre renonciation au mandat par une lettre recommandée avec avis de réception contenant votre copie de la procuration *(art. 2007 du Code civil)*. Le bon sens réclame, par ailleurs, que vous ou le mandant signaliez à la banque, par lettre recommandée avec avis de réception, que la procuration a cessé.

La procuration peut conférer plus ou moins de pouvoir au mandataire. Avec une procuration générale, le mandataire est autorisé à réaliser toutes les opérations de gestion courante en votre nom. Une procuration peut aussi être limitée à certains actes en fonction des besoins du mandant : dépôts, retraits, virements, émission de chèques, passation d'ordres en Bourse, par exemple. Quel que soit le choix arrêté, une procuration, même donnée sur l'ensemble des comptes bancaires, ne permet pas au mandataire de tout faire. En effet, certains types d'actes, considérés par la loi comme particulièrement importants, nécessitent qu'un mandat spécial lui soit confié. C'est le cas, par exemple, pour le rachat d'un contrat d'assurance-vie. La Cour de cassation a, en effet, précisé qu'un mandataire ne pouvait pas justifier le rachat partiel d'un contrat d'assurance-vie par l'existence d'une procuration lui conférant seulement des pouvoirs généraux *(C. cass., civ. 2e, 5.6.2008, n° 07-14077).* Selon les magistrats, la mandataire aurait dû, pour effectuer des rachats partiels du contrat d'assurance-vie de sa mère, être titulaire d'un mandat spécial mentionnant expressément cette faculté. Malheureusement, bon nombre d'assureurs excluent la possibilité de mettre en place des procura-

L'ouverture d'un compte commun

Hors situation d'urgence, l'ouverture d'un compte commun est une bonne solution pour répondre à l'éventuelle incapacité ponctuelle d'un proche à gérer ses avoirs bancaires. Car, seul le titulaire d'un compte personnel a le pouvoir de réaliser des opérations sur son compte. Ainsi, sauf à disposer d'une procuration (voir p. 22), vous ne pourrez pas effectuer d'opérations sur le compte personnel de votre conjoint ou de votre enfant hospitalisé, par exemple. Ce n'est pas le cas avec un compte commun, c'est-à-dire ouvert au nom de deux personnes (ou plus), parentes ou non. Un tel compte peut ainsi être ouvert par un couple marié, pacsé ou de concubins, par un père et son fils ou par deux amis. Avec ce type de compte, chacun peut disposer d'une carte bancaire et d'un chéquier, et peut, sans devoir en référer à l'autre, effectuer sur ce compte toutes les opérations qu'il souhaite (retraits, virements, opposition...). En cas de décès d'un des titulaires, le compte commun ne sera pas automatiquement bloqué comme les comptes personnels du défunt. Le cotitulaire du compte continuera d'y avoir accès. Quant au solde du compte, il est censé appartenir pour moitié au survivant (à moins qu'il ne puisse prouver avoir été le seul à alimenter ce compte), l'autre moitié entrant dans la succession du défunt.

tions spéciales autorisant les proches à faire des rachats. Dans tous les cas de figure, afin d'éviter tout conflit, ne laissez pas un proche vous confier cette procuration sans en avertir les autres membres de son entourage. En effet, se voir confier une procuration n'est pas anodin. Par exemple, si vos parents vous confient une telle procuration, vos frères et sœurs qui l'apprendraient tardivement pourraient craindre que vous n'ayez pas rempli correctement votre tâche, voire que vous vous soyez servi sur le compte pour effectuer des dépenses personnelles. Afin d'éviter ce genre de situation, tout doit se faire avec transparence et vous devez être en mesure de rendre compte régulièrement de votre bonne gestion en produisant des relevés de comptes, factures ou toutes autres pièces justificatives.

La forme de la procuration

Le titulaire d'un compte choisit librement la personne à qui il veut confier une procuration : enfant, parent, frère ou sœur, ami, voisin... En principe, une procuration peut tout à fait être donnée verbalement, mais pour des raisons évidentes de preuve, la banque exigera, en principe, un écrit (voir modèle p. 165).
Certains établissements bancaires exigent même que l'auteur de la procuration et celui qui va la recevoir se présentent en personne au guichet, afin de s'assurer que le titulaire du compte n'est soumis à aucune pression. Si vous ne pouvez pas vous déplacer, sachez que votre conseiller bancaire peut se rendre à votre chevet pour recueillir votre signature ainsi que celle du mandataire. Notez ici qu'une personne placée sous tutelle ou sous curatelle n'a plus la capacité juridique de passer seule des contrats ; elle ne peut donc plus confier une procuration bancaire à un tiers. La procuration reste valable après un placement sous sauvegarde de justice. En revanche, elle s'éteint automatiquement dès lors que le majeur est placé sous un régime de sauvegarde avec mandataire judiciaire, de curatelle ou de tutelle.

Les règles spécifiques au mariage

Si votre conjoint se trouve, de façon imprévue, dans l'impossibilité de prendre une décision concernant ses biens personnels ou les biens du couple, vous pouvez, bien sûr, prendre les décisions qui s'imposent dans l'urgence *(art. 219, al. 2 du Code civil)*. Vous représenterez ainsi votre conjoint, qui sera engagé par vos décisions, selon les règles habituelles de la gestion d'affaires (voir p. 14). En dehors des cas d'urgence, si, par exemple, une intervention chirurgicale est programmée, ou bien si votre conjoint doit suivre un traitement qui risque de le perturber momentanément, pensez à lui faire rédiger un mandat (vous désignant comme mandataire), qui vous permettra de le représenter. En dehors de ces hypothèses, qui n'ont rien de spécifique aux époux, il existe des moyens, propres aux couples mariés, de pallier la déficience d'un conjoint.

Le fonctionnement du régime matrimonial

En pratique, un grand nombre d'actes de la vie courante peuvent être passés par l'un des époux, sans que l'autre ait à donner expressément son accord. En fait, l'époux qui agit seul est censé être titulaire d'un mandat tacite de son conjoint, il dispose ainsi de pouvoirs de représentation importants. Et, grâce à ce jeu normal des règles du régime matrimonial, il est relativement aisé de gérer le quotidien, y compris en cas d'empêchement ponctuel et momentané d'un des conjoints. Ainsi, la loi prévoit que chacun des époux peut passer seul les contrats qui ont pour objet l'entretien du ménage ou l'éducation des enfants *(art. 220 du Code civil)*, quel que soit leur régime matrimonial (communauté, séparation...). Les deux époux seront solidaires des dettes contractées par l'un d'eux dans ce cadre précis. Impossible, toutefois, de permettre ainsi à un époux de souscrire des dépenses manifestement excessives au regard du train de vie habituel du ménage, ni de réaliser des achats à crédit ou des emprunts importants. L'époux qui n'aurait pas pu donner son consentement à une telle dépense (parce que momentanément hors d'état de le faire, en raison d'un problème de santé, par exemple) ne serait pas solidairement responsable de son règlement. Par conséquent, s'il y avait, par la suite, un problème de paiement, les créanciers ne pourraient agir que contre l'époux ayant passé le contrat. Les biens personnels de ce dernier pourraient être engagés pour rembourser la dette, ainsi que l'intégralité des biens communs. En revanche, les créanciers ne pourraient pas saisir les biens personnels de l'époux n'ayant pas participé à la dépense. De même, si le couple est marié sous un régime de communauté, notamment si aucun contrat de mariage n'a été signé, « chacun des époux

a le pouvoir d'administrer seul les biens communs et d'en disposer » *(art. 1421, al. 1 du Code civil).*
Toute une catégorie d'actes, en revanche, ne peut être effectuée qu'avec l'accord exprès des deux époux. Si votre conjoint n'est plus en mesure de donner son accord, et si vous n'avez pas pensé ou pas eu le temps de prévoir un mandat exprès (voir ci-contre), vous pouvez demander au juge d'intervenir.

L'autorisation d'agir seul

La loi édicte, pour les couples mariés, une série de règles leur permettant de pallier l'impossibilité d'agir de l'un d'eux. Notez que ces règles s'appliquent à tous les époux quel que soit leur régime matrimonial : régime légal de la communauté réduite aux acquêts, séparation de biens, participation aux acquêts...

+ Ces règles ne s'appliquent pas aux **partenaires de Pacs** ni aux **concubins.**

Un point à noter : le législateur prévoit même une prééminence de ces règles spécifiques aux couples mariés sur celles relatives à la protection des majeurs vulnérables (voir chapitres 6 et 7). Dans la pratique, quand un juge est saisi d'une demande de mise sous curatelle ou tutelle d'une personne mariée, il ne la prononcera qu'à la condition que les solutions issues des règles communes à tout régime matrimonial ne soient plus suffisantes *(art 428 et 494-2 du Code civil).* Le magistrat doit alors indiquer dans sa décision les raisons qui l'amènent à refuser la mesure de protection, vérifier que les intérêts de l'époux seront suffisamment protégés par les règles communes à tout régime matrimonial, et s'assurer que le conjoint est en mesure d'exercer cette protection à plus ou moins long terme.

Le mandat (ou habilitation) judicaire. Supposons qu'un époux soit hors d'état de manifester sa volonté : son conjoint peut demander au juge des tutelles l'autorisation de le représenter soit de façon générale, soit pour certains actes en particulier. Il ne s'agit ni plus ni moins d'un mandat ou « habilitation » *(art. 219, al. 1 du Code civil)*, confié par le magistrat cette fois. Autrement dit, l'époux représenté est personnellement engagé par les décisions de son conjoint. Les conditions de cette représentation (durée, étendue...) doivent être fixées par le juge. Ce dernier décide, notamment, si l'habilitation doit être générale (la représentation de l'époux ne pourra alors porter que sur l'administration des biens) ou spéciale (elle pourra porter sur l'administration et la disposition des biens). Muni de cette habilitation judiciaire, l'époux peut alors gérer les biens communs ou indivis, mais aussi les biens propres de l'époux empêché, en régime de communauté, ou ses biens personnels, en régime de séparation.

L'autorisation judiciaire d'agir seul. Imaginons, cette fois, le cas où le consentement des deux époux est normalement nécessaire pour réaliser un acte. Par exemple, signer l'acte de vente d'un immeuble commun ou indivis (selon leur régime matrimonial), ou bien résilier le bail du logement familial. Si l'un des époux est hors d'état de manifester sa volonté, son conjoint peut demander au juge des tutelles l'autorisation de réaliser seul cet acte *(art. 217 du Code civil).* En revanche, cette procédure ne peut pas être utilisée par le conjoint pour réaliser un acte qu'il n'aurait normalement aucun droit d'accomplir, par exemple vendre un immeuble appartenant en propre à son conjoint empêché. Notez que l'époux autorisé agit en son nom propre. Il s'engage donc personnellement (ainsi que la communauté

Mandat entre époux et mesure de tutelle ne sont pas incompatibles

Même si votre conjoint est déjà placé sous un régime de tutelle ou de curatelle (que vous soyez ou non son tuteur ou curateur), vous pouvez déposer une requête pour obtenir un mandat entre époux *(art. 219, al. 1 du Code civil)* ou une autorisation judiciaire *(art. 217 du Code civil).* Tel fut le cas dans une affaire où, après l'internement de son mari aliéné, son épouse avait été nommée curatrice.
Mais, probablement pour ne pas s'embarrasser des lourdeurs d'une consultation du conseil de famille, celle-ci avait, peu après, demandé à être mandatée spécialement pour vendre un bien propre de son mari. Le fils de celui-ci s'opposa à une telle autorisation, mais les magistrats estimèrent finalement que le statut d'épouse devait primer sur celui de curatrice, et lui délivrèrent l'habilitation, en prenant toutefois le soin de fixer le prix de vente et d'exiger que son montant soit bloqué sur un compte productif d'intérêts *(C. cass., civ. 1re, 18.2.1981, n° 80-10403).*

dans les régimes communautaires), mais son conjoint n'est pas personnellement engagé sur ses biens propres.

La procédure à mettre en œuvre. Dans les deux hypothèses, mandat ou autorisation judiciaire, peu importe les raisons qui sont à l'origine de l'empêchement d'un époux : hospitalisation, état de santé défaillant, maladie mentale, âge avancé, éloignement, disparition... L'époux demandeur doit déposer une requête auprès du juge des tutelles du tribunal d'instance de son domicile. Il n'a pas besoin d'avocat. Dans cette requête, il justifie, par tout moyen, de l'impossibilité pour son conjoint de manifester sa volonté. Si l'impossibilité est d'ordre médical, il faut joindre un certificat médical. L'examen de l'affaire donne lieu à une audience, mais l'audition du conjoint empêché n'est pas obligatoire. Elle peut être écartée sur avis du médecin.

Défendre une personne vulnérable

Parfois il est trop tard pour anticiper et agir à la place d'un proche vulnérable : il a déjà conclu un contrat qui le dessert. Par exemple, il a acheté à prix d'or des articles inutiles à un démarcheur à domicile, ou il s'est porté caution pour quelqu'un sans mesurer ce que cet engagement implique. Il est alors possible d'agir en justice, soit pour obtenir la sanction pénale de la personne qui a abusé de sa faiblesse, soit pour obtenir l'annulation du contrat qui a été passé.

Sanctionner l'abus de faiblesse

L'article L. 132-14 du Code de la consommation prévoit de lourdes sanctions (jusqu'à trois ans d'emprisonnement et 375 000 € d'amende) à l'encontre du vendeur qui abuse de la faiblesse ou de l'ignorance d'une personne pour lui faire souscrire des engagements financiers sous quelque forme que ce soit (achat au comptant ou à crédit, remise de chèque sans contrepartie...). Le montant de l'amende peut même être porté à 10 % du chiffre d'affaires professionnel. Par ailleurs, le contrat conclu à la suite d'un abus de faiblesse est nul.

Les critères de l'abus de faiblesse

Le délit d'abus de faiblesse ne peut être sanctionné que si quatre conditions sont réunies.

Les faits ont eu lieu dans des circonstances prévues par la loi. L'abus de faiblesse ne s'applique qu'à un certain type de ventes *(art. L. 121-8 et L. 121-9 du Code de la consommation)* : en cas de démarchage à domicile ; suite à un démarchage par téléphone ou télécopie ; si la transaction a été conclue dans l'urgence (par exemple, dans le cas où un serrurier est intervenu au milieu de la nuit) ou dans des lieux non destinés à la commercialisation du bien ou du service ou dans le cadre de foires ou de salons ; si l'engagement a été pris à l'occasion de réunions ou d'excursions organisées par l'auteur de l'infraction ou à son profit (par exemple, la victime a reçu un courrier l'invitant à se rendre dans un magasin chercher un cadeau et, à cette occasion, on lui a forcé la main pour réaliser un achat coûteux).

La victime était en état de faiblesse ou d'ignorance. La preuve doit être apportée que la victime n'était pas en mesure d'apprécier la portée de ses engagements ou de déceler les ruses ou artifices déployés pour la convaincre ou qu'elle a été soumise à une contrainte. Les tribunaux estiment que cet état résulte de la combinaison de divers critères (âge, état de santé, grossesse, niveau d'instruction, contexte moral ou physique de la victime au moment de la vente), mais qu'aucun ne suffit à lui seul à caractériser l'état de faiblesse. Par exemple, le seul fait que la personne soit âgée ou le seul fait que la facture soit très élevée ne sont pas suffisants pour entraîner un état de faiblesse. Dans les faits, la personne qui a été abusée doit prouver qu'elle était trop faible pour se défendre ou résister à la manipulation. L'état de faiblesse n'est donc pas facilement reconnu par les tribunaux. Il a, par exemple, été admis dans une affaire de vente de tapis à une femme de 83 ans ayant des difficultés à se repérer dans le temps et confondant les francs et les euros *(C. cass., crim., 16.11.2011, n° 10-87629).*

Le vendeur a abusé de cet état de faiblesse ou d'ignorance dont il avait conscience ou connaissance. L'abus de faiblesse sera caractérisé si le vendeur a usé de méthodes commerciales peu orthodoxes pour parvenir à ses fins. Certains procédés de vente sont particulièrement insidieux. Tel est le cas lorsque l'acheteur est soumis à un entretien de plusieurs heures, à une pression mensongère, à une mise en scène appelée à gagner sa confiance...

> **+** À compter du 1er janvier 2020, les tribunaux d'instance (TI) et les tribunaux de grande instance (TGI) vont fusionner et **donner naissance à des tribunaux judiciaires** *(loi du 23 mars 2019 de programmation et de réforme pour la justice).*

La victime a pris des engagements financiers. Elle doit avoir versé de l'argent (espèces, chèque, carte), ou doit s'être engagée à le faire, notamment au titre d'un crédit.

La procédure

Si vous décidez d'engager des démarches, voire une procédure pour aider la personne abusée, vous devez joindre à vos courriers une autorisation écrite de la victime d'agir à sa place (voir modèle p. 166). Cela contribuera d'ailleurs à convaincre le juge que la victime est bien dans un état de faiblesse tel qu'elle ne saurait effectuer les démarches seule. Il est arrivé, en effet, que les tribunaux considèrent que la victime n'était pas en état de faiblesse, vu les qualités intellectuelles qu'elle avait montrées lors de ses démarches auprès des autorités. Une fois que tous les éléments de preuve sont réunis (bon de commande, certificats médicaux, témoignages...), vous pouvez, dans un premier temps, entamer des démarches amiables auprès du vendeur pour tenter de négocier, en lui envoyant un courrier recommandé (voir modèle p. 167). N'hésitez pas à vous faire épauler par une association de consommateurs. Si ces démarches n'aboutissent pas, vous pouvez saisir la Direction départementale de la protection des populations (DDPP). Celle-ci a, en effet, le pouvoir de constater officiellement les infractions au Code de la consommation et de saisir le procureur de la République. Il est également possible de tenter de recourir aux services d'un médiateur. Depuis le 1er janvier 2016, les professionnels doivent permettre aux consommateurs d'accéder gratuitement à une médiation en vue d'une résolution amiable du litige. Pour connaître les coordonnées du médiateur, contactez le service client du professionnel, vous trouverez également l'information sur le site web du commerçant, le contrat, la facture ou les conditions générales. La liste des médiateurs référencés est aussi disponible sur www.economie.gouv.fr/mediation-conso. Enfin, si toutes ces procédures amiables n'aboutissent pas, vous pouvez saisir les tribunaux en portant plainte auprès d'un commissariat. Il est possible que cette plainte n'aboutisse pas. C'est pourquoi, il est fortement conseillé d'adresser votre plainte directement au procureur de la République en lui envoyant une lettre recommandée avec accusé de réception.

> **+** Vérifiez si la victime n'est pas encore **dans les délais pour renoncer à l'opération**. Par exemple, pour l'achat d'un bien le cadre d'un contrat conclu hors établissement (ex démarchage à domicile), l'acheteur a quatorze jours pour se rétracter *(art. L. 221-18 du Code de la consommation).*

En l'absence de réponse dans un délai de trois mois, vous serez autorisé à vous constituer partie civile, ce qui a pour conséquence d'obliger la justice à mener une enquête. Vous pourrez demander des dommages et intérêts, compensant le préjudice subi. S'il est nécessaire de faire annuler ces engagements (par exemple, si, parallèlement, un crédit a été souscrit, dont l'annulation nécessite celle de la vente), il faudra, en parallèle de la procédure au pénal, saisir le tribunal d'instance (ou de grande instance si l'affaire porte sur plus de 10 000 €) en visant le dernier alinéa de l'article L. 132-13 du Code de la consommation : « Le contrat conclu à la suite d'un abus de faiblesse est nul et de nul effet. »

L'abus de faiblesse du Code pénal

Invoquer l'abus de faiblesse ou vulnérabilité prévu par le Code pénal *(art. 223-15-2 et s.)* permet de réprimer des abus commis par un membre de la famille, une employée de maison, un bailleur, un locataire, une secte... et non par des professionnels. Ce délit peut être plus largement invoqué que l'abus de faiblesse prévu par la Code de la consommation car il peut résulter d'un acte mais aussi d'une abstention. Il est aussi plus restrictif dans la mesure où le code pénal exige que l'acte obtenu de la victime soit de nature à lui causer un grave préjudice, à la différence du Code de la consommation.

Trois conditions cumulatives doivent être réunies :

- Il est nécessaire que la victime ait présenté soit une vulnérabilité particulière due à son âge, à une maladie, à une infirmité, à une déficience physique et psychique au moment de l'acte passé, soit une « sujétion psychologique ou physique » suite aux pressions graves ou réitérées ayant altéré son jugement.
- La preuve doit être apportée que l'auteur de l'abus ait été conscient de cette vulnérabilité (soit que la vulnérabilité était apparente ou connue) et en ait profité dans un but frauduleux.
- Il faut que l'auteur de l'abus ait conduit la victime à un acte (achat, prêt, don, souscription d'assurance-vie…) ou une abstention qui lui est gravement préjudiciable. Tel est le cas, par exemple, si la victime a disposé à son bénéfice de ses biens par testament, lui a accordé une procuration sur ses comptes et que l'auteur de l'abus a retiré de l'argent à son profit *(C. cass., crim., 15.11.2005, n° 04-86051)*.

Ces agissements sont passibles de trois ans d'emprisonnement et 375 000 € d'amende.

Demander l'annulation d'un acte

Si l'un de vos proches a passé un acte à un moment où il n'avait pas toutes ses facultés mentales, vous pouvez tenter de l'aider à en demander l'annulation en justice. En effet, le Code civil précise que « pour faire un acte valable, il faut être sain d'esprit » *(art. 414-1)*. Aussi, les actes juridiques, qui requièrent tous que leur signataire soit capable au sens juridique du terme, peuvent être annulés par ce biais : actes patrimoniaux (vente, donation, cession de droits sociaux, cautionnement...), actes relatifs à la personne même du majeur, à son identité ou à son état civil (actes dits extrapatrimoniaux). Par exemple, une demande d'adoption faite quelques mois avant l'ouverture d'une mesure de tutelle *(C. cass., civ. 1re, 10.6.1981, n° 79-16663)*. Mais celui qui demande l'annulation d'un acte doit prouver qu'il était atteint d'un trouble mental au moment où il l'a passé. Si l'auteur de l'acte est décédé, l'action appartient à ses héritiers. L'acte ne pourra être attaqué pour insanité d'esprit que dans certains cas précis *(art. 414-2)*.

La notion de trouble mental

Quand une demande d'annulation est faite alors qu'aucun régime de protection n'a encore été ouvert vis-à-vis du demandeur, les juges

Suppression de l'immunité pénale

En principe, le vol commis par une personne au préjudice de son parent, de son enfant ou de son conjoint (sauf en cas de séparation de corps ou résidence séparée) ne peut pas donner lieu à des poursuites pénales *(art. 311-12 du Code pénal)*. La loi n° 2015-1776 du 28 décembre 2015 relative à l'adaptation de la société au vieillissement est venue supprimer cette immunité pénale lorsque l'auteur du vol est censé protégé la victime. C'est le cas d'un ascendant, descendant ou conjoint nommé tuteur, curateur, mandataire spécial dans le cadre d'une sauvegarde de justice, personne habilitée dans le cadre d'une habilitation familiale ou encore mandataire exécutant un mandat de protection future.

apprécient de manière assez stricte la notion de trouble mental. Peu importe son origine, qu'il soit passager ou durable, il faut que le trouble dont souffre la personne qui a passé le contrat ait profondément altéré ses facultés de discernement. Ce qui n'est pas le cas d'après la jurisprudence, d'une dépression seule, ou de syndromes anxiodépressifs de manière générale. Selon les tribunaux, le fait que ce syndrome ait été à l'origine d'une perte de confiance et d'une certaine inhibition ne suffit pas à caractériser un véritable trouble mental *(CA Chambéry, 15.1.2008, n° 07/00280)*. En revanche, une maladie invalidante, comme la maladie d'Alzheimer ou de Parkinson, ajoutée à un état dépressif important entraînant une désorientation et des troubles de la mémoire immédiate, a convaincu les juges de prononcer la nullité d'un compromis de vente *(CA Lyon, 8.11.2007, n° 06/05731)*.

La preuve du trouble mental

Prouver le trouble mental n'est pas chose aisée, même si cela peut se faire par tout moyen : certificat médical, témoignages, courriers, expertise psychiatrique... le meilleur moyen est de produire un certificat médical datant de l'époque où l'acte a été conclu, et qui constate le trouble. Mais le juge peut également accepter des certificats médicaux ou des témoignages rédigés postérieurement, dès lors que les faits qui y sont relatés sont bien datés par les témoins *(CA Douai, 19.11.2007, n° 06/03354)*. L'essentiel étant que le certificat ne soit ni trop bref ni trop général. Si vous n'arrivez pas à apporter la preuve de l'existence du trouble mental au moment exact de l'acte, les tribunaux pourront néanmoins l'annuler si vous prouvez que son auteur était atteint d'un trouble dans les périodes immédiatement antérieures et postérieures. L'absence de discernement au moment précis de la signature de l'acte est alors présumée. Par exemple, les juges ont considéré qu'un engagement de caution était nul car il avait été souscrit par un homme qui avait été hospitalisé et placé sous antidépresseurs, juste avant et après son engagement *(CA Toulouse, 29.11.2007, n° 04/01517)*. Les juges sont également très attentifs au contexte dans lequel la personne a signé le contrat contesté. Par exemple, le fait d'avoir été assisté de professionnels lors de la conclusion de l'acte est un élément important. Les juges ont ainsi refusé d'annuler un compromis de vente à la signature duquel un expert-comptable, un avocat et le sous-directeur des crédits d'une banque étaient présents. Pour les juges, ces derniers n'auraient pas prêté leur concours à l'acte si le cessionnaire n'avait pas été capable d'apprécier la portée de ses engagements *(CA Chambéry, 15.1.2008, n° 07/00280)*. S'il constate l'existence du trouble mental chez un majeur non protégé, le juge n'aura pas d'autre choix que de prononcer la nullité de l'acte. On dit que l'acte est nul « de plein droit », ce qui signifie que la nullité est alors automatique. Tel est le cas aussi des actes faits par un majeur protégé seul, alors qu'il aurait dû être représenté par son tuteur ou son curateur *(art. 465 du Code civil)*.

La procédure d'annulation

La procédure doit être menée devant le tribunal d'instance, compétent pour les litiges inférieurs à 10 000 €. Le recours à un avocat n'est pas obligatoire mais recommandé, vu la difficulté à établir la preuve d'un trouble mental. Quant aux litiges supérieurs à 10 000 €, ils doivent être portés devant le tribunal de grande instance (TGI), où l'assistance d'un avocat est obligatoire.

Il est courant, après une action de ce type, que le juge ouvre une mesure de protection du majeur (sauvegarde de justice, curatelle ou tutelle). Dès lors que la demande d'annulation pour trouble mental concerne un majeur non protégé (c'est-à-dire qui n'est pas encore placé sous une mesure de protection juridique), l'action en nullité ne peut être exercée que par lui dans la mesure où il a recouvré ses facultés mentales *(art. 414-2 du Code civil)*. Il peut, bien sûr, être guidé dans ses démarches par un proche et représenté par un avocat. Si le majeur a été placé sous curatelle ou tutelle entre-temps, c'est au curateur ou au tuteur d'enclencher la procédure.

> + Dans tous les cas, le **tribunal compétent** est celui du lieu du domicile du défendeur.

> + Selon l'article 464 du Code civil, les actes passés deux ans avant l'ouverture d'une curatelle ou d'une tutelle peuvent être **attaqués « en réduction », voire annulés** s'il est justifié d'un préjudice subi par la personne protégée (voir encadrés p. 154 et 125).

L'action doit être intentée dans les cinq ans à compter du jour où l'acte a été passé. Si jamais ce délai est dépassé, vous pourrez invoquer le trouble mental sans contrainte de délai, si la personne avec laquelle le contrat a été passé agit devant les tribunaux pour en demander l'exécution. Après son décès, les héritiers de la personne vulnérable pourront invoquer son trouble mental pour demander la nullité des actes : si ces derniers portent en eux-mêmes la preuve d'un trouble mental (engagement surréaliste...) ; si les actes ont été passés alors que l'intéressé était sous sauvegarde de justice ; si une demande d'ouverture d'une curatelle ou d'une tutelle était en cours avant le décès, ou une action aux fins d'habilitation familiale ou encore si effet avait été donné au mandat de protection future.

LE MANDAT DE PROTECTION FUTURE

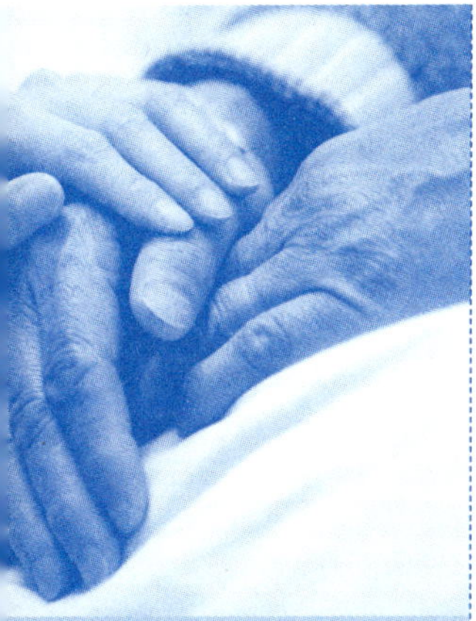

L'établissement du mandat de protection future pour autrui

Le mandat de protection future est un contrat qui permet à une personne (le mandant) d'organiser à l'avance sa propre protection (voir p. 55) ou celle de son enfant handicapé. Dans le mandat, l'intéressé désigne un tiers (le mandataire) qui sera chargé de s'occuper de ses intérêts - le jour où il ne pourra plus le faire lui-même en raison de son âge ou de son état de santé - ou des intérêts de son enfant. Le mandataire doit accepter expressément cette mission. La signature d'un mandat de protection future permet donc au mandant d'organiser lui-même à l'avance sa protection, ou celle de son enfant, de façon détaillée. Le juge des tutelles n'aura alors à intervenir que pour trancher une éventuelle difficulté liée à l'exécution du mandat. Il évite ainsi, le cas échéant, le recours à une mesure judiciaire de curatelle ou de tutelle (voir chapitres 6 et 7) ou une habilitation familiale (voir chapitre 4). Depuis la loi du 23 mars 2019 de programmation 2018-2022 et de réforme pour la justice, le mandat de protection future est devenu la première mesure de protection, les autres n'intervenant qu'à titre subsidiaire. Il prime donc sur tout autre dispositif de représentation (y compris la représentation entre époux et doit être appliqué en priorité).

Le mandat de protection future s'avère particulièrement intéressant pour les parents d'un enfant handicapé mental ou physique. La loi prévoit, en effet, la possibilité de conclure un mandat de protection future pour autrui. Plus précisément, l'article 477 du Code civil autorise les parents, ou le parent survivant, si l'un des deux est décédé, à désigner un ou plusieurs mandataires chargé(s) de représenter l'enfant à sa(leur) place. Cette désignation ne prend pas effet immédiatement. Elle ne jouera qu'à compter du jour où les parents — ou le dernier d'entre eux — décéderont ou ne pourront plus prendre soin de l'enfant. Cette précaution permet aux parents d'organiser à l'avance la protection de leur enfant, sans passer par une mesure judiciaire. Le mandat de protection future peut concerner la personne et/ou ses biens. Dans les deux cas, il doit obligatoirement être notarié.

En pratique, le mandat peut être établi en vue de protéger un enfant déjà handicapé ou bien un enfant dont les parents craignent que l'état mental ou physique ne se dégrade au fil du temps. Il s'agit alors d'une mesure de prévoyance qui ne sera mise en œuvre que si l'état de l'enfant se détériore effectivement. Notez que le mandat de protection future pour autrui est réservé aux parents, au profit de leur enfant. Il n'est pas possible, par exemple, d'envisager un mandat de protection future pour protéger un frère ou une sœur handicapée (même si ses parents sont décédés), ou pour protéger son conjoint.

Les conditions de forme et de contenu

La loi distingue le mandat de protection future pour autrui du mandat de protection future pour soi-même (voir p. 55). Seul ce dernier peut revêtir la forme d'un acte sous seing privé (rédigé sans passer devant notaire).

Le futur registre des mandats

Le mandat de protection future devra être publié sur un registre spécial *(art. 477-1 du Code civil)*. Cette publicité permettra notamment aux notaires d'en avoir connaissance, ce qui offre une meilleure sécurité juridique aux actes accomplis par la personne protégée. Les modalités de cette publication et l'accès au registre doivent être précisés par futur décret, non encore paru à l'heure où nous imprimons. Le ministère de la Justice indiquait pourtant en 2016 que le dispositif serait « prochainement mis en œuvre par le gouvernement » *(Rép. min. n° 85698 JOAN du 6 septembre 2016)*. Une étude de cadrage serait en cours pour déterminer sous quelle forme et dans quels délais ce registre peut être construit et mis en service. Il devrait être mis en œuvre sous la forme d'un outil national, centralisant et facilitant l'accès de toutes les informations relatives à la protection juridique des majeurs. Il sera prioritairement alimenté par les mandats de protection future.

L'établissement du mandat

Le mandat signé par les parents pour protéger leur enfant vulnérable doit impérativement être notarié *(art. 477 du Code civil)*. La loi a exclu, dans le cadre d'un mandat de protection future pour autrui, la signature d'un mandat sous seing privé. L'acceptation du mandataire doit également intervenir devant notaire *(art. 489 du Code civil)*. En principe, elle est stipulée dans le mandat lui-même. Les parents sont libres de s'adresser au notaire de leur choix. Celui-ci conserve l'original du mandat à son étude (la « minute »), comme c'est la règle pour tout acte notarié. Il en remet une copie aux parents, au mandataire et à la personne éventuellement chargée de contrôler son action. Bien entendu, le recours au notaire n'est pas

Le coût du mandat de protection future

Les honoraires du notaire qui rédige le mandat de protection future sont tarifés *(arrêté du 26.2.2016)*. Pour l'établissement du mandat de protection future (ou pour sa modification), le notaire a droit à des honoraires s'élevant à 138 € TTC et pouvant aller jusqu'à 207 € TTC en cas d'acceptation du mandataire par acte séparé. Il faut compter également un droit d'enregistrement de 125 € au profit de l'administration fiscale. Par ailleurs, si le notaire se livre à une étude juridique approfondie du dossier en vue de la signature du mandat, il peut vous demander des honoraires de conseils, qui ne sont pas tarifés. Ils sont fixés librement par le notaire, en accord avec vous. Vous devez être averti au préalable de leur montant ou de leur mode de calcul. Le notaire chargé du contrôle de l'exécution du mandat percevra également des émoluments tarifés pour l'exercice de cette tâche. Comptez de 138 € à 415 € TTC selon l'importance des comptes soumis au contrôle. Enfin, en cas de révocation du mandat par le mandant ou de renonciation par le mandataire, avant que le mandat n'ait pris effet, le notaire qui établit l'acte de révocation ou de renonciation a droit à des honoraires tarifés d'environ 70 € TTC. Notez cependant que la loi n'impose pas la forme notariée pour révoquer le mandat ou y renoncer. Une lettre recommandée, avec avis de réception, suffit.

gratuit. Ses honoraires pour la rédaction du mandat sont soumis à un tarif réglementé (voir encadré p. 41).
Le mandat doit être signé par les parents. Il peut être conclu par les père et mère de l'enfant, s'ils sont tous les deux en vie. Il peut aussi être passé par le parent survivant, si l'un des deux est décédé. Le ou les parents signataires du mandat ne doivent pas eux-mêmes être placés sous un régime de curatelle ou de tutelle (voir chapitres 6 et 7) ou faire l'objet d'une habilitation familiale (voir chapitres 4). En outre, si l'enfant est mineur, les parents doivent exercer sur lui l'autorité parentale. S'il s'agit d'un enfant majeur, ils doivent assumer « sa prise en charge matérielle et affective ». La loi n'est pas plus précise sur ce point. Il suffit donc, a priori, que les parents s'occupent effectivement de l'enfant dans la vie de tous les jours.

Le choix du mandataire

Les parents sont libres de nommer la personne physique qu'ils jugent la plus apte à veiller sur les intérêts de leur enfant. Il peut s'agir d'un proche (oncle ou tante de l'enfant, frère ou sœur...), d'un ami de la famille ou encore d'un professionnel (notaire, avocat, expert-comptable...). Pour éviter des conflits d'intérêts entre le mandataire et l'enfant, il n'est pas possible de choisir le médecin ou l'auxiliaire médical qui soigne l'enfant. On ne peut pas non plus désigner une personne mineure ou un majeur protégé.
Bien entendu, le choix du mandataire n'est valable que si la personne pressentie accepte la mission qui lui est confiée. Elle doit alors faire une déclaration par écrit en ce sens dans le mandat et signer ce document. Il s'agit d'une décision à ne pas prendre à la légère. La fonction de mandataire implique des obligations et des responsabilités en cas de mauvaise exécution du mandat. En outre, une fois le mandat entré en application, le mandataire ne peut être déchargé de ses fonctions qu'avec l'autorisation du juge des tutelles (avant sa mise en œuvre, il peut y renoncer librement).
En pratique, les parents peuvent confier la protection de l'enfant lui-même et de son patrimoine à une seule et même personne, ou

> **+** Les parents peuvent aussi **désigner une personne morale** (association ou institution) inscrite sur la liste des mandataires judiciaires à la protection des majeurs, établie par le préfet. Cette liste est disponible dans les tribunaux d'instance.

bien désigner plusieurs mandataires. Dans ce cas, ces désignations doivent faire l'objet d'un seul et même mandat notarié *(art. 477 du Code civil).* Il est possible, par exemple, de confier la protection de l'enfant à un mandataire (un proche, un ami, une association...) et celle de son patrimoine à un autre (par exemple, un professionnel). Voire désigner plusieurs mandataires à la fois pour assurer la protection de l'enfant et la protection de ses biens. Cependant, s'il apparaît nécessaire d'accroître la protection de l'enfant, au-delà de ce que prévoit le mandat, tout intéressé (un parent, voire l'enfant lui-même) peut demander au juge des tutelles d'intervenir. Le magistrat pourra alors décider d'étendre la protection à sa personne ou à son patrimoine, selon le cas, en prenant une mesure judiciaire complétant le mandat de protection future (curatelle, tutelle...).

La rémunération du mandataire

Le mandataire peut exercer sa mission à titre gratuit, notamment s'il s'agit d'un parent ou d'un ami. Mais il peut aussi être rémunéré. Ce qui sera normalement le cas s'il s'agit d'un professionnel (expert-comptable, avocat...) ou d'une association. Cette rémunération ne sera due qu'à compter de la mise en œuvre effective du mandat. Il faut indiquer expressément dans le mandat si le mandataire doit ou non être rémunéré et, dans l'affirmative, préciser les modalités de sa rémunération. La loi ne précise rien à ce sujet. Il appartient donc aux parents et au mandataire de fixer ensemble d'un commun accord ces conditions financières. Par exemple, il peut être prévu que le mandataire ne sera pas rémunéré, mais qu'il pourra se faire rembourser sur le patrimoine du mandant, sur justificatifs, les frais qu'il engage pour le compte ou dans l'intérêt de l'enfant.

Si une rémunération est envisagée (en plus ou non des remboursements de frais), il peut s'agir d'une indemnité forfaitaire (une somme payable une fois par an) ou proportionnelle (un pourcentage des revenus nets de l'enfant, par exemple). Cette rémunération peut être liée à la disponibilité du mandataire ou être proportionnelle au temps consacré à la gestion du patrimoine de l'enfant ou aux actes concernant sa personne. S'il y a plusieurs mandataires, le mandat doit, bien sûr, préciser les modalités de rémunération de chacun. Par ailleurs, s'il n'y a qu'un mandataire chargé de protéger l'enfant et son patrimoine, il peut être décidé que l'une des deux protections sera exercée gratuitement mais pas l'autre, ou encore que les deux seront exercées gratuitement. Les parents peuvent aussi prévoir que chaque mission de protection sera rémunérée, en choisissant des rémunérations identiques ou différentes pour chacun des mandataires.

Le contrôle du mandataire

Le mandant devenu vulnérable n'est plus en mesure de surveiller l'exécution du mandat. Aussi faut-il prévoir que le mandataire sera contrôlé par des tiers pour éviter toute tentative d'abus de faiblesse ou d'escroquerie, ou simplement un comportement négligent de la part de ce dernier.

Chaque année, le mandataire doit rendre compte de sa gestion. À cet égard, l'article 491 du Code civil précise que le mandataire doit adresser les comptes annuels au notaire qui a rédigé le mandat. Ce dernier est aussi chargé de la conservation des pièces qui lui sont remises, à savoir : l'inventaire des biens et ses actualisations, les comptes et leurs justificatifs. Cependant, la loi n'indique pas expressément qu'il revient au notaire de contrôler les documents qui lui sont ainsi transmis. Certains juristes et notaires estiment que la mission du notaire est seulement de recueillir et de conserver ces documents et de procéder à un contrôle formel (fourniture de justificatifs par le mandataire, respect des dispositions du mandat). Il ne serait pas tenu de contrôler l'opportunité des actes de gestion accomplis par le mandataire, ce qui revient à vérifier qu'ils sont bien réalisés dans l'intérêt de la protection de la personne vulnérable. En pratique, le notaire peut tout à fait accepter cette mission.

> **+** Le notaire peut saisir le juge des tutelles **de tout « mouvement de fonds et de tout acte non justifiés** ou n'apparaissant pas conformes aux stipulations du mandat » *(art. 491 du Code civil).*

Mais si le professionnel chargé d'établir le mandat ne souhaite pas prendre en charge le contrôle du mandataire, il est nécessaire de désigner dans le mandat une personne qui sera chargée de cette mission. Il peut s'agir d'une personne physique (un parent, un proche, un expert-comptable...) ou d'une personne morale. Bien entendu, cette personne doit accepter la mission qui lui est confiée en signant le mandat (une copie du mandat lui sera remise). Les parents peuvent désigner la même personne ou des personnes différentes

pour contrôler le compte de gestion et le rapport des actes accomplis dans le cadre de la protection de l'enfant lui-même.
La personne chargée de contrôler l'action du mandataire peut être rémunérée. Dans ce cas, le mandat doit prévoir les modalités de cette rémunération. S'il s'agit du notaire, ses émoluments sont tarifés (voir encadré p. 41). Sa rémunération annuelle pour examiner les comptes du mandataire varie de 138 € TTC à 415 € TTC selon l'importance des sommes en jeu. S'il s'agit d'une autre personne que le notaire, sa rémunération doit être négociée avec elle. Elle peut être forfaitaire ou non, comme pour le mandataire.

L'annulation du mandat

Tant que les parents de l'enfant (ou l'un des deux) sont encore en vie et qu'ils peuvent prendre soin de l'enfant, le mandat ne produit aucun effet. Pendant ce temps, ils peuvent toujours le modifier ou le révoquer. Pour modifier le mandat, il faut établir un nouvel acte notarié *(art. 489 du Code civil)*. En revanche, pour l'annuler, il suffit d'adresser une lettre au mandataire et au notaire, de préférence en recommandé avec avis de réception. De son côté, le mandataire peut renoncer à sa mission. Il en va de même pour la personne qui est chargée de contrôler le mandataire. Dans ces deux cas, il n'est pas nécessaire de passer à nouveau chez le notaire. Le mandataire (ou son « contrôleur ») peut renoncer au mandat en adressant un courrier au notaire et aux parents. Ces derniers doivent alors modifier le mandat, cette fois devant notaire, et désigner un nouveau mandataire ou une nouvelle personne chargée de son contrôle. En revanche, une fois que le mandat est mis en œuvre, le mandataire, ainsi que la personne chargée du contrôle de l'exécution du mandat, ne peuvent plus renoncer d'eux-mêmes à leur mission. Ils doivent alors demander au juge des tutelles d'en être déchargés.

+ À compter du 1er janvier 2020, avec le remplacement des tribunaux de grande instance (TGI) et des tribunaux d'instance (TI) par les tribunaux judiciaires, la compétence des TI sera attribuée à un nouveau magistrat, **le juge des contentieux de la protection**. Ce juge exerce les fonctions de juge des tutelles et connaît ainsi des affaires portant sur les actions relatives à l'exercice du mandat de protection future *(art. L213-4-1 et L213-4-2 du code de l'organisation judiciaire)*.

Les missions du mandataire

Le mandat de protection future est un instrument souple qui s'adapte à la volonté des parents. Ceux-ci sont libres d'y définir l'étendue de la mission qu'ils entendent confier au mandataire. Cette tâche peut porter sur la protection de leur enfant lui-même ou sur celle de son patrimoine, ou encore sur les deux à la fois. Rappelons que la protection des biens et celle de la personne peuvent être confiées à des mandataires différents. Dans tous les cas, il est recommandé de procéder à une analyse approfondie de la situation personnelle et patrimoniale de l'enfant, présente et future, avec les conseils du notaire et de tout autre professionnel compétent (conseiller en gestion de patrimoine...).

La protection de l'enfant

Elle recouvre l'ensemble des questions relatives à la vie personnelle, la santé, les relations avec les autres, le logement, les déplacements, les loisirs... de l'enfant. Le mandant peut prévoir que le mandataire pourra agir à la place de l'enfant, mais seulement si celui-ci n'est pas capable de prendre une décision seul de façon éclairée. En effet, les pouvoirs du mandataire sont limités par les articles 457-1 à 459-2 du Code civil. Ces textes précisent, notamment, que le mandataire n'intervient pas pour les décisions relatives à la personne même du majeur protégé, dans la mesure où l'état de ce dernier lui permet de prendre une décision *(art. 459 du Code civil)*. Le mandataire doit alors informer la personne vulnérable de la portée des actes qu'elle envisage (utilité, degré d'urgence, effets, conséquences d'un refus de sa part - *art. 457-1 du Code civil*).

> + Il est possible de donner mission au mandataire d'accompagner et d'assister l'enfant dans ses **démarches médicales** éventuelles.

Depuis la loi justice du 23 mars 2019, les actes portant gravement atteinte à l'intégrité corporelle de la personne protégée (intervention médicale…) sont consentis par l'enfant ou à défaut le mandataire. Nul besoin d'obtenir l'autorisation du juge des tutelles. Ce dernier n'est saisi qu'en cas de désaccord entre personne protégée et mandataire. Toutefois il faut solliciter l'autorisation du juge pour une décision portant gravement atteinte à l'intimité de la vie privée de la personne protégée.

L'article 459-2 du Code civil précise enfin qu'en cas de difficultés concernant le lieu de résidence de l'enfant et ses relations avec les tiers, le juge des tutelles devra trancher le litige. Afin de faciliter la décision, les parents peuvent éventuellement, pour le cas où l'enfant ne serait pas en état de décider seul, préciser dans le mandat leurs souhaits concernant le logement ou les conditions d'hébergement de l'enfant. Ils peuvent aussi donner des indications sur son maintien à domicile dans la mesure du possible, et leurs préférences s'il doit être hébergé dans un milieu de vie plus sécurisé et mieux adapté à ses besoins. Ils peuvent aussi mentionner leurs souhaits concernant le maintien de ses relations personnelles avec les tiers (parents ou non), ses loisirs et ses vacances. En revanche, certains actes considérés par la loi comme strictement personnels ne peuvent pas être accomplis par le mandataire à la place de l'enfant. Il s'agit, notamment, des actes relatifs à ses propres enfants, s'il en a (déclaration et reconnaissance d'un enfant, exercice de l'autorité parentale, changement de nom, consentement à son adoption... - *art. 458 du Code civil*).

La protection du patrimoine de l'enfant

La protection des biens recouvre l'ensemble des actes nécessaires à la gestion et à la préservation du patrimoine de l'enfant. S'ils le souhaitent, les parents peuvent limiter cette protection à certains biens seulement ou à certains actes sur ces biens. Ils peuvent aussi prévoir la protection de l'ensemble du patrimoine de l'enfant, présent ou futur (puisque l'enfant est amené à hériter de ses parents, par exemple). À cet égard, retenez que le mandat notarié permet, en principe, au mandataire d'accomplir tous les actes patrimoniaux qu'un tuteur a le pouvoir d'accomplir seul ou avec une autorisation du conseil de famille ou, à défaut, du juge des tutelles (*art. 490 du Code civil*, voir encadré p. 155). Par exemple, le mandataire peut procéder à des actes d'administration (réparations d'entretien, souscrip-

> **+** Si les parents donnent au mandataire des **pouvoirs d'administration limités à certains biens** ou à certains actes sur des biens, le mandat doit préciser quels sont alors les biens et les actes visés, afin d'éviter toute ambiguïté.

tion de contrats d'assurance, paiement des factures, perception des loyers...), des actes conservatoires (travaux urgents...) et des actes de disposition (vente d'un bien, placements boursiers...).
La loi précise d'ailleurs que le mandataire peut accomplir les mêmes actes de disposition qu'un tuteur, même si le mandat est rédigé en termes généraux. Autrement dit, le mandataire peut agir même si le mandant n'autorise pas expressément tel ou tel acte.
Toutefois, la vente du logement de la personne protégée, qu'il s'agisse de sa résidence principale ou secondaire, nécessite l'accord préalable du juge. Ce logement bénéficie, en effet, d'une protection spécifique, qui joue même en présence d'un mandat notarié *(art. 426 du Code civil)*. En outre, la loi prévoit un garde-fou important : le mandataire doit obtenir l'autorisation préalable du juge des tutelles pour accomplir un acte de disposition « à titre gratuit » *(art. 490 du Code civil)*. Entendez par là, notamment, une donation, une donation-partage ou un don manuel, un legs par testament, voire la souscription d'un contrat d'assurance-vie avec la désignation d'un bénéficiaire. Le législateur a voulu écarter le risque qu'un mandataire indélicat ne dépouille l'enfant à son profit ou à celui de proches, en consentant des donations en son nom, par exemple.

La mise en œuvre de la protection

La désignation du mandataire ne prend effet qu'au décès des parents ou lorsqu'ils ne peuvent plus prendre soin de leur enfant. En tout état de cause, le mandat ne pourra s'appliquer que lorsque l'enfant sera majeur. En outre, l'enfant doit être lui-même effectivement hors d'état de pourvoir seul à ses intérêts. L'état de l'enfant doit alors être établi par la production d'un certificat médical émanant d'un médecin agréé. Ce document doit attester qu'il ne peut pourvoir seul à ses intérêts en raison d'une altération de ses facultés mentales ou corporelles de nature à empêcher l'expression de sa volonté *(art. 425 du Code civil)*. Le mandataire doit alors justifier de cette situation en accomplissant une démarche auprès du tribunal d'instance.

Le rôle du mandataire

Le mandat de protection future prend effet une fois que le mandataire a fourni au greffe du tribunal d'instance la copie du mandat, ainsi qu'un certificat médical établissant l'altération des facultés personnelles de l'enfant *(art. 481 du Code civil)*. Cette opération ne requiert pas l'intervention du juge des tutelles.

Le lancement de la procédure

Dans les faits, les choses doivent se passer ainsi : lorsque le mandataire constate que les parents sont décédés ou qu'ils ne peuvent plus prendre soin de l'enfant (par exemple, parce qu'ils sont malades ou trop âgés), il doit effectuer les démarches nécessaires pour que le mandat prenne effet. Il doit alors s'adresser à un médecin, inscrit sur la liste dressée par le procureur de la République (disponible dans les tribunaux d'instance). Le médecin examine l'enfant et, si son état le justifie, délivre au mandataire un certificat médical constatant que l'intéressé subit soit une altération de ses facultés mentales, soit une altération de ses facultés corporelles l'empêchant d'exprimer sa volonté *(art. 425 du Code civil)*. Le mandataire doit se présenter en personne, muni d'une copie du mandat et du certificat médical datant de moins de deux mois, au greffe du tribunal d'instance du domicile de l'enfant *(art. 1258-1 du Code de procédure civile)*. Le mandataire doit être accompagné de ce dernier, sauf s'il est établi, par certificat médical, que sa présence au tribunal est incompatible avec son état de santé. Le greffier ne dispose d'aucun pouvoir d'appréciation. Il se borne à constater la prise d'effet du mandat, puis restitue les pièces au mandataire.

Le mandataire doit aussi justifier du décès des parents ou de leur incapacité à s'occuper de l'enfant. Pour cela, il présente au tribunal d'instance, selon le cas, un certificat de décès du ou des parents, un certificat médical ou encore une copie de la décision judiciaire plaçant le ou les parents sous un régime de protection (tutelle...).

> **+ Le coût du certificat médical** constatant l'altération des facultés de l'enfant est à la charge de ce dernier (comptez 160 €). En revanche, l'apposition du visa par le greffe du tribunal d'instance n'engendre pas de frais.

La représentation de l'enfant

Une fois qu'il a obtenu du greffe la mise en œuvre du mandat de protection future, le mandataire devient le représentant légal de l'enfant, comme dans une tutelle (voir chapitre 7). Toutefois, l'étendue exacte de ses prérogatives dépend de ce que prévoit le mandat. À cet égard, rappelons que le mandat notarié permet d'autoriser le mandataire à procéder à des actes de disposition sur les biens de l'enfant : par exemple, vendre un bien immobilier ou procéder à des arbitrages sur des valeurs mobilières (voir encadré p. 149).

Dans les faits, le mandat fonctionne comme une procuration : lorsqu'il doit agir au nom de l'enfant dans les actes concernant sa vie personnelle et l'administration de son patrimoine, le mandataire présente une copie du document aux tiers à chaque fois que cela est nécessaire. Mais l'enfant conserve, en principe, la capacité de faire lui-même ces actes s'il le souhaite et dans la mesure où son état de santé le permet. Notez que si l'état de l'enfant lui permet de le comprendre, le mandataire doit l'informer des actes qu'il accomplit en son nom ou dans son intérêt. Il doit également lui rendre compte tous les ans de la gestion de son patrimoine.

Les obligations du mandataire

Tout au long du mandat, le mandataire est tenu à certaines obligations, afin de justifier du bon accomplissement de sa mission. Rappelons que son action est contrôlée par le notaire ou par une ou plusieurs personnes désignées dans le mandat, voire par le juge des tutelles.

L'inventaire des biens de l'enfant

Dès la prise d'effet du mandat, le mandataire doit faire procéder à un inventaire des biens de l'enfant *(art. 486 du Code civil)*. En cours de mandat, il doit actualiser cet inventaire, si nécessaire, pour tenir compte de l'entrée éventuelle de nouveaux biens dans le patrimoine de l'enfant. La loi n'impose aucune forme pour cet inventaire. Il doit cependant être établi en présence de l'enfant si son état de santé ou son âge le permet, de son avocat le cas échéant, et de deux témoins majeurs qui ne sont ni au service de l'enfant ni du mandataire (si l'inventaire n'est pas réalisé par un officier public ou ministériel). Il contient une description des meubles, une estimation des biens immobiliers ainsi que des biens mobiliers ayant une valeur supérieure à 1500 €, la désignation des espèces et un état des comptes bancaires, des placements et des autres valeurs mobilières *(art. 1253 du Code de procédure civile)*. Le mandataire peut choisir la solution qui lui semble la mieux adaptée au patrimoine de l'enfant. Par exemple, si ce patrimoine est peu important, il peut rédiger lui-même l'inventaire. Si le patrimoine est conséquent, il pourra recourir à un professionnel, tel qu'un notaire, un expert-comptable, un commissaire-priseur...

> **+** C'est le notaire auprès duquel le mandat a été conclu qui assure **la conservation de l'inventaire initial** et de ses actualisations.

Le compte-rendu de gestion

Dans le cadre d'un mandat notarié, le mandataire doit rendre compte de sa gestion au notaire qui a établi le mandat en lui adressant ses comptes *(art. 491 du Code civil)*. Plus précisément, il doit établir un compte de gestion du patrimoine de l'enfant : état des recettes en capital et en revenus, dépenses, créances à recouvrer, actes d'administration accomplis sur les biens. À ces comptes, doivent être annexées toutes les pièces justificatives (factures, actes...). La loi charge le notaire d'assurer ensuite la conservation des documents transmis *(art. 491 du Code civil)*. Sachez que, s'il vient à constater des mouvements de fonds ou des actes de gestion qui lui paraissent suspects ou injustifiés, le notaire a l'obligation d'en avertir le juge des tutelles. Par ailleurs, si le mandat le prévoit, le mandataire doit aussi rédiger un rapport écrit sur les actes qu'il a accomplis et qui sont liés à la protection de la personne de l'enfant (santé, logement, relations avec les tiers...).

L'exécution de la mission

En principe, le mandataire doit exécuter personnellement les missions qui lui ont été confiées dans le mandat. À titre exceptionnel, il peut confier certains actes de gestion du patrimoine à une personne qu'il choisit. Dans ce cas, cependant, cette personne agit sous la responsabilité du mandataire *(art. 482 du Code civil)*. D'une manière générale, la responsabilité du mandataire peut être mise en cause devant la justice en cas de mauvaise exécution du mandat, d'insuffisances ou de faute dans l'exercice de sa mission (conformément aux articles 1991 et 1992 du Code civil). Si le mandataire est reconnu responsable d'un préjudice à l'égard de l'enfant, il peut être condamné à lui verser des dommages-intérêts.

Les obligations à l'issue du mandat

Lorsque le mandat prend fin (voir ci-contre), et dans les cinq ans qui suivent, le mandataire chargé de gérer les biens de l'enfant a des obligations similaires à celles imposées à un tuteur (voir chapitre 7). Il doit tenir à la disposition de la personne qui continue la gestion des biens, ou à la disposition de l'enfant, s'il a recouvré ses facultés, ou de ses héritiers, l'inventaire des biens et ses actualisations, ainsi que les cinq derniers comptes de gestion. Il doit également tenir à leur disposition les pièces nécessaires pour continuer la gestion ou, le cas échéant, assurer le règlement de la succession de l'enfant s'il est décédé *(art. 487 du Code civil)*.

En cas de problème sur la mise en œuvre du mandat, toute personne, y compris l'enfant, peut saisir le juge des tutelles *(art. 484 du Code civil)*. La demande doit être présentée par écrit au juge, sans forme particulière (par lettre recommandée avec avis de réception, par exemple). Le magistrat a le pouvoir de contrôler, de compléter ou même de mettre fin au mandat s'il estime que cette formule est insuffisante à la protection ou contraire aux intérêts de l'enfant *(art. 485 du Code civil)*. S'il l'estime nécessaire, par exemple, il peut révoquer le mandat et ouvrir une mesure de protection judiciaire en prononçant une sauvegarde de justice, une curatelle ou une tutelle. De même, s'il estime que le mandat protège insuffisamment les intérêts personnels ou patrimoniaux de l'enfant, le juge des tutelles peut le compléter en lui adjoignant une mesure de protection judiciaire, comme une tutelle, par exemple. Il peut d'ailleurs confier cette mission au mandataire de protection future. Le magistrat peut aussi autoriser ce dernier ou un mandataire ad hoc (c'est-à-dire désigné pour accomplir un acte précis) à accomplir un ou plusieurs actes déterminés non prévus par le mandat. Dans ce cas, le mandataire de protection future et les personnes désignées par le juge sont indépendants les uns des autres. Mais ils doivent s'informer mutuellement des décisions qu'ils prennent.

La fin du mandat

La loi prévoit plusieurs situations qui mettent fin au mandat de protection future (*art. 483 du Code civil*).

L'enfant recouvre ses facultés

En premier lieu, vient le rétablissement des facultés personnelles de l'enfant. Cet événement doit être constaté à la demande de ce dernier ou du mandataire. Il est alors nécessaire de produire au greffier du tribunal d'instance le mandat, accompagné d'un certificat médical datant de moins de deux mois établi par un médecin choisi sur la liste tenue par le procureur de la République. Ce document doit attester le rétablissement des facultés de l'enfant. Dans ce cas, le greffier se borne, au vu du certificat produit, à constater la fin du mandat, qui sera automatique.

La mise sous protection ou le décès

Le mandat prend fin aussi en cas de décès de l'enfant ou de son placement sous un régime de curatelle ou de tutelle. Le juge qui prononce le placement peut cependant décider que le mandat sera poursuivi. Il peut en être ainsi, notamment, s'il décide d'une tutelle sur les biens de l'enfant, mais qu'il maintient le mandat de protection future pour la protection de la personne, ou le contraire. En revanche, le placement de l'enfant sous sauvegarde de justice ne peut pas mettre fin au mandat. Le juge des tutelles peut, cependant, décider de suspendre l'application du mandat pendant la durée de la sauvegarde de justice *(art. 483 du Code civil)*. Enfin, le mandat prend fin en cas de décès du mandataire ou de son placement sous une mesure de protection (s'il s'agit d'une personne physique) ou en cas de faillite (s'il s'agit d'une personne morale).

L'annulation par le juge des tutelles

Le mandat prend fin suite à sa révocation judiciaire (c'est-à-dire son annulation par un juge). En effet, le juge des tutelles, saisi par toute personne intéressée, a la possibilité de révoquer un mandat de protection future dans trois situations. En premier lieu, s'il apparaît que l'enfant ne souffre pas réellement d'une altération de ses facultés personnelles, ou, en cas d'altération de ses facultés corporelles, si ce handicap ne l'empêche pas d'exprimer sa volonté. Le juge peut aussi révoquer le mandat si l'enfant se marie et si la protection de ses intérêts est suffisamment assurée par son conjoint, en vertu des droits et devoirs légaux des époux (voir chapitre 1). Enfin, le mandat peut être annulé par le juge s'il apparaît que son exécution « est de nature à porter atteinte aux intérêts du mandant ». Ce peut être le cas, par exemple, si le mandataire s'est beaucoup éloigné géographiquement de l'enfant qu'il doit protéger, et n'est plus en mesure d'accomplir correctement sa mission. Pour la première fois, la Cour de cassation a ainsi validé la décision d'un juge des tutelles ayant mis fin au mandat confié à un fils, et placé la mère sous curatelle renforcée en désignant une association comme curateur *(C. cass., civ. 1re, 12.1.2011, n° 09-16519)*. L'intérêt de cette femme commandait, selon le juge, d'écarter son fils. Celui-ci rendait insuffisamment compte de sa gestion et avait placé sa mère sous son influence grandissante en l'isolant du reste de la famille.

Le mandat de protection future pour soi-même

Pour éviter une mise sous tutelle ou curatelle le jour venu, vous pouvez organiser votre propre protection en concluant un mandat de protection future. Cet outil est très innovant dans la mesure où il ne nécessite pas l'intervention du juge. Par avance, vous autorisez une personne de confiance (le mandataire) à gérer vos intérêts le jour où vous ne pourrez plus le faire vous-même, en raison de votre âge ou de votre état de santé (mentale ou physique). Le mandat offre une grande souplesse puisqu'il permet de fixer l'étendue des missions et des pouvoirs confiés au mandataire. Il permet également d'organiser un contrôle plus ou moins étroit du mandataire par une personne de confiance (un professionnel ou le notaire, par exemple). Ce mandat peut être particulièrement adapté pour les personnes qui se savent touchées par une maladie. Malgré tout, la protection assurée reste moins efficace qu'une tutelle ou une curatelle.

Que peut-on prévoir ?

Le mandat peut organiser la protection de la personne et/ou celle de ses biens. S'agissant de la protection de votre personne, vous pouvez détailler vos souhaits de vie : dire si vous préférez rester chez vous ou indiquer la ou les maisons de retraite dans lesquelles vous désirez être placé. Vous pouvez également donner des directives pour votre animal de compagnie (exiger qu'il reste en toutes circonstances auprès de vous), ou vos loisirs. Côté patrimoine, le mandat peut détailler comment vous entendez financer votre maintien à domicile ou votre hébergement en maison de retraite : quels biens vendre en priorité, ou au contraire quels biens conserver dans la famille.

Qui assurera la protection ?

Le ou les mandataires désignés. Il peut s'agir d'un enfant, d'un neveu, d'un ami, d'un professionnel (notaire ou avocat, sous réserve qu'il n'ait pas rédigé le mandat, ou mandataire judiciaire à la protection des majeurs…) ou encore d'une association ou d'une institution, choisie sur la liste des mandataires judiciaires à la protection des majeurs établie par le préfet. Rien ne s'oppose à ce que vous désigniez votre conjoint comme mandataire. Sachez toutefois que, même sans mandat, votre conjoint, quel que soit votre régime matrimonial, a le pouvoir de vous représenter si vous vous trouvez hors d'état de manifester votre volonté (voir chapitre 1). Quelle que soit la personne choisie, il faut impérativement recueillir son accord et lui faire signer le mandat.

La rédaction du mandat de protection future

Le mandat de protection future pour soi-même peut être rédigé sous seing privé, c'est-à-dire sans la signature d'un notaire. Il doit être contresigné par un avocat, sauf s'il respecte un modèle officiel établi par l'administration *(formulaire Cerfa n° 13592*02).* Ce modèle peut être téléchargé, avec sa notice explicative, sur le site du ministère de la Justice – www.vos-droits.justice.gouv.fr. Il doit être signé par le mandant, le mandataire et la personne chargée de contrôler ce dernier. Il est conseillé de le faire enregistrer à la recette des impôts pour lui donner date certaine, c'est-à-dire incontestable (un droit de 125 € est dû). Néanmoins un mandat sur mesure, rédigé par un professionnel, sécurise l'acte. Ce dernier peut, en effet, vous aider à analyser vos besoins et à formaliser vos souhaits. Notez que si le mandat est notarié, vous pourrez confier des pouvoirs étendus à votre mandataire (comme l'autorisation de vendre des biens immobiliers, sauf votre logement). Ce sera également lui qui contrôlera l'activité du mandataire une fois le mandat en action. Le mandat peut être modifié ou révoqué tant qu'il n'a pas pris effet.

La mise en œuvre du mandat

Le mandataire qui constate que le mandant ne peut plus pourvoir seul à ses intérêts fait établir un certificat médical par un médecin habilité (liste disponible auprès du tribunal d'instance). Il faut compter 160 € pour l'établissement de ce certificat. Ce dernier doit préciser si l'altération des facultés mentales ou corporelles rend nécessaire la mise en œuvre de la protection de la personne et/ou de ses biens. Muni du certificat et du mandat, le mandataire se rend avec le mandant au greffe du tribunal d'instance de son domicile (le certificat médical peut dispenser de la présence du mandant s'il est établi que sa présence au tribunal est incompatible avec son état de santé). Le greffier du tribunal appose son visa sur le mandat après une vérification formelle de sa régularité (il s'assure notamment qu'un contrôle du mandataire est organisé). Dès lors, le dispositif fonctionne comme une procuration. Le mandataire chargé de protéger le patrimoine doit ensuite établir un inventaire des biens qu'il actualise au cours du mandat. Il est également tenu d'établir annuellement les comptes de sa gestion.

LA GESTION DES PRESTATIONS SOCIALES

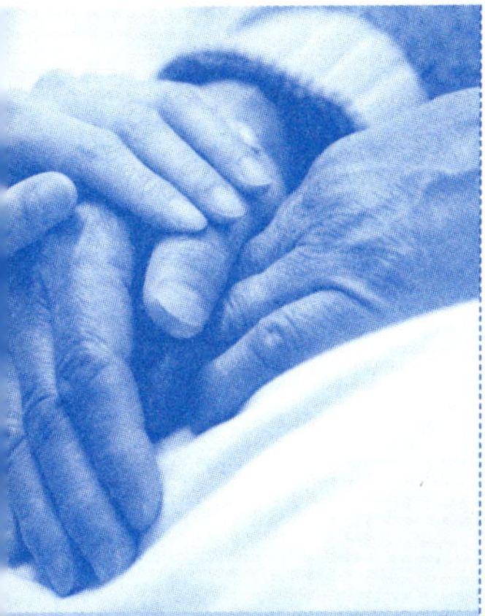

La mesure administrative d'accompagnement social personnalisé (Masp)

La mesure administrative d'accompagnement social personnalisé (Masp) est une mesure permettant de proposer une aide à la gestion de certaines prestations sociales perçues par un adulte connaissant des difficultés passagères. La mesure est fondée sur un accord, formalisé par un contrat entre le bénéficiaire de la mesure et le conseil général. Vous pouvez donc accompagner un proche dans cette démarche si vous constatez qu'il a des difficultés à gérer ses prestations sociales. Toutefois, si le bénéficiaire de la Masp ne respecte pas ses engagements, ou s'il refuse la mesure alors que sa situation l'exige, une mesure d'accompagnement judiciaire (Maj) pourra lui être imposée.

Une mesure contractuelle

La mesure administrative d'accompagnement social personnalisé prend la forme d'un contrat conclu entre l'intéressé et le département. Elle repose sur des engagements réciproques. La mesure n'est donc pas judiciaire, et se fonde sur l'adhésion de son bénéficiaire. En principe, c'est lui-même qui demande l'application de la Masp. Dans les faits c'est, le plus souvent, son entourage (parents, frères ou sœurs...) ou un professionnel de l'action sociale qui lui suggérera cette démarche. La Masp est ouverte à « toute personne majeure qui perçoit des prestations sociales et dont la santé ou la sécurité est menacée par les difficultés qu'elle éprouve à gérer ses ressources » *(art. L. 271-1 du Code de l'action sociale et des familles – CASF)*. Elle peut aussi être ouverte à l'issue d'une mesure d'accompagnement judiciaire (Maj, voir p. 64) arrivée à échéance. L'adulte en difficulté se voit proposer une aide à la gestion de ses prestations sociales, et un accompagnement social individualisé.

Le principe

Le contrat proposé est un contrat type, élaboré par l'administration, dans lequel le majeur protégé autorise le département à percevoir et à gérer pour son compte tout ou partie des prestations sociales auxquelles il a droit, en les affectant, en priorité, au paiement de son loyer et de ses charges locatives en cours. Par ailleurs, le contrat doit prévoir un certain nombre d'actions en faveur de l'insertion sociale, et tendant à rétablir les conditions d'une gestion autonome de ses prestations sociales, par le majeur en difficulté. Le contrat doit donc être, en grande partie, personnalisé. Il doit cerner au plus près les problèmes de l'intéressé pour y apporter les réponses adéquates et efficaces. Les services sociaux chargés de ces mesures s'assurent de leur coordination avec les actions sociales qui pourraient être déjà mises en œuvre au profit du majeur protégé.

Les prestations concernées. Les prestations concernées par cette mesure sont définies à l'article D. 271-2 du CASF. Au total, plus d'une trentaine de prestations ou d'allocations sont, par exemple, visées : les allocations destinées à payer un loyer (aide personnalisée au logement et allocation de logement sociale), l'allocation personnalisée d'autonomie (Apa), les allocations de vieillesse-invalidité (allocation de solidarité aux personnes âgées, allocation aux vieux travailleurs salariés, allocation supplémentaire d'invalidité, etc.), les allocations et prestations pour adultes handicapés (allocation aux adultes handicapés, allocation compensatrice, prestation de compensation du handicap), les minimas sociaux (Revenu de solidarité active et Allocation de parent isolé), les prestations familiales (prestation d'accueil du jeune enfant, allocations familiales, complément familial, allocation de logement familiale, allocation d'éducation de l'enfant handicapé, allocation de soutien familial, allocation de rentrée scolaire et allocation journalière de présence parentale) et, enfin, des allocations diverses (rente versée aux orphelins en cas d'accident de travail, allocation représentative de services ménagers, allocation différentielle versée par l'aide sociale à certaines personnes handicapées et prestations de compensation du handicap enfant).

La durée du contrat. Le contrat est conclu pour une durée de six mois à deux ans, et peut être modifié par avenant. Il peut être renouvelé, après avoir fait l'objet d'une évaluation préalable, sans que la durée totale de la mesure administrative d'accompagnement social personnalisé ne puisse excéder quatre ans, renouvellement compris *(art. L. 271-2 du CASF).*

Les frais

Les frais sont à la charge du majeur protégé. La Masp est un service payant (comme la mesure d'accompagnement judiciaire, la tutelle et la curatelle). Le montant de cette contribution est fixé par le président du conseil général en fonction des ressources de l'intéressé dans les conditions prévues par le règlement départemental de l'action sociale *(art. L. 271-4 du CASF)* et dans la limite de plafonds fixés par décret *(art. R. 471-5-2 du CASF)*. En 2019, le majeur est exempté de participation si ses ressources annuelles sont inférieures ou égales au montant de l'allocation aux adultes handicapés (AAH) de l'année précédente, soit 9 730,68 € (montant de l'AAH au 1.1.2018), soit 810,89 € par mois. S'il n'est pas exempté – ce qui devrait être assez rare dans la mesure où la Masp s'adresse à des personnes aux revenus très modestes –, la participation financière de la personne prend la forme d'un prélèvement mensuel, calculé sur la base des ressources annuelles de l'année précédente (le taux du prélèvement – 7 %, 15 %, 2 % – varie en fonction de la tranche des revenus annuels, voir tableau p. 120). Un ajustement est ensuite opéré avant le 31 janvier de l'année suivante pour tenir compte des ressources réellement perçues.

> **+** Le préfet peut accorder, à titre exceptionnel, une **exonération** de tout ou partie de **la participation financière** de la personne protégée en raison de difficultés liées à des dettes antérieures ou à la nécessité de faire face à des dépenses impératives.

Une mesure imposée

Même si le principe reste celui de l'adhésion volontaire de l'intéressé à la mesure administrative d'accompagnement social personnalisé, cette dernière peut aussi lui être imposée.

Les conditions

En cas de refus par l'intéressé du contrat d'accompagnement social personnalisé, ou bien en cas de non-respect de ses clauses, le président du conseil général peut prendre une mesure administrative plus radicale *(art. L. 271-5 du CASF)*. Il peut demander au juge d'instance (et non au juge des tutelles) que, chaque mois, les prestations sociales dont le majeur protégé est bénéficiaire soient directement versées à son bailleur, et ce, à hauteur du montant du loyer et des charges locatives dont il est redevable *(art. L. 271-5 du CASF)*. Dans ce cas, on ne demande plus son avis à l'intéressé. Mais, notez alors que la Masp imposée est circonscrite au paiement du loyer et des charges locatives. Elle se substitue, en pratique, à une procédure de saisie-attribution ou de saisie des rémunérations (permettant à un créancier de bloquer entre les mains d'un tiers des sommes dues par son débiteur, en vue de se faire payer sur ces sommes), qui ne peut pas porter sur les prestations sociales. Sa finalité : éviter une procédure d'expulsion du logement. La loi fixe toutefois un cadre au pouvoir du président du conseil général : il ne peut déclencher cette procédure que si l'intéressé n'a pas payé ses loyers et charges locatives depuis au moins deux mois.

Cette mesure ne doit pas avoir pour effet de priver le majeur protégé des ressources nécessaires à sa subsistance, et à celle des personnes qui sont à sa charge effective et permanente, comme son conjoint, ses enfant(s) ou ses ascendant(s). Le juge fixe la durée du prélèvement dans la limite de deux ans renouvelables, sans que sa durée totale ne puisse excéder quatre ans.

> Le président du conseil départemental est libre de saisir le juge à tout moment **pour mettre fin à la Masp.**

En cas d'échec

Lorsque la Masp ne permet pas à son bénéficiaire de surmonter ses difficultés à gérer ses prestations sociales, et que sa santé ou sa sécurité en sont compromises, le président du conseil général peut transmettre le dossier au procureur de la République *(art. L. 271-6 du CASF)*. Il lui remet alors un rapport sur la situation sociale et pécuniaire du majeur protégé, un bilan des actions personnalisées dont il a fait l'objet et, sous pli cacheté, les informations dont il dispose concernant son état de santé. Compte tenu de ces éléments, le procureur de la République peut, s'il l'estime nécessaire, décider de saisir le juge des tutelles afin que celui-ci se prononce sur l'ouverture d'une mesure judiciaire. À son tour, le magistrat apprécie quelle mesure judiciaire doit éventuellement être prononcée (sauvegarde de justice, curatelle, tutelle, mesure d'accompagnement judiciaire). Il en informe le président du conseil général. La décision du juge est susceptible d'appel dans les quinze jours de sa notification.

La mesure d'accompagnement judiciaire (Maj)

Depuis le 1er janvier 2009, la mesure d'accompagnement judiciaire (Maj) s'est substituée à la tutelle aux prestations sociales pour adultes – TPSA *(art. 495 et s. du Code civil)*. Elle concerne les personnes majeures connaissant des difficultés passagères et dont la santé ou la sécurité est compromise, mais dont les facultés (mentales ou physiques) ne sont pas altérées. Le majeur protégé voit la gestion de tout ou partie de ses prestations sociales confiée à un professionnel (le mandataire judiciaire à la protection des majeurs), mais il conserve toute sa capacité juridique. La Maj est destinée à rétablir l'autonomie de l'intéressé dans la gestion de ses ressources. Cette mesure est prononcée par le juge des tutelles uniquement si une mesure administrative d'accompagnement social personnalisé (Masp, voir p. 58) a échoué. La décision du juge est susceptible d'appel dans les quinze jours de sa notification.

La mise en œuvre

Contrairement à la procédure de la tutelle aux prestations sociales pour adultes (TPSA), qui permettait à un grand nombre de personnes de formuler une demande, la mesure d'accompagnement judiciaire ne peut être sollicitée que par le procureur de la République. Il décide de l'opportunité de réclamer la mise en place de la mesure au vu du rapport des services sociaux que le président du conseil général lui transmet après l'échec des mesures d'accompagnement (Masp). Notez que le majeur concerné par la mesure est toujours entendu ou appelé par le juge des tutelles.

Les personnes concernées

La mesure d'accompagnement judiciaire recouvre un champ plus large de bénéficiaires que la TPSA : il n'est pas nécessaire que le majeur subisse une altération de ses facultés mentales ou physiques. Si tel est le cas, les mesures de protection juridique (habilitation familiale, sauvegarde de justice, tutelle, curatelle, mandat de protection future) seront plus indiquées. Le Code civil rappelle d'ailleurs que la Maj n'entraîne aucune incapacité juridique pour le majeur *(art. 495-3 du Code civil)*. Le majeur protégé pourra donc continuer de vendre, conclure un bail, hériter, recevoir une donation... La Maj concerne les personnes qui ne gèrent pas de façon satisfaisante leurs prestations sociales, malgré la mise en place d'une Masp, dès lors que cette situation compromet leur santé ou leur sécurité *(art. 495 du Code civil)*. Auparavant, il était possible qu'une même personne soit placée sous une mesure de tutelle aux prestations sociales pour adultes et sous un régime de protection (curatelle, tutelle...). Aujourd'hui, ce genre de « doublon » n'est plus possible : une Maj ne peut pas être prononcée si la personne fait l'objet d'une habilitation familiale ou si elle bénéficie déjà d'une sauvegarde de justice, d'une curatelle, d'une tutelle ou d'un mandat de protection future.

+ Une mesure d'accompagnement judiciaire **ne peut pas être prononcée à l'égard d'une personne mariée**, si son conjoint peut gérer de façon satisfaisante ses prestations sociales en utilisant les règles relatives aux droits et devoirs respectifs des époux et aux régimes matrimoniaux (voir chapitre 1).

Les prestations concernées

La mesure d'accompagnement judiciaire ne porte pas sur l'ensemble des revenus de l'intéressé mais seulement sur la gestion de certaines prestations sociales, parmi lesquelles le juge des tutelles effectue un choix. Lors du prononcé de la mesure, le juge doit les choisir parmi une liste comprenant les mêmes prestations que celles faisant l'objet d'une Masp *(art. 495-4 du Code civil)*. Toutefois, les prestations familiales et les allocations diverses ne sont pas visées sauf si la situation de l'intéressé le justifie.

La loi précise que si une mesure judiciaire d'aide à la gestion du budget familial (nouvel intitulé de la tutelle aux prestations sociales pour enfants – TPSE) a été prononcée par le juge des enfants, les prestations familiales pour lesquelles elle a été ordonnée sont automatiquement exclues de la Maj. Si ces deux mesures sont prises pour un même foyer, la loi impose aux personnes chargées de leur exécution respective de s'informer mutuellement des décisions qu'elles prennent.

La prise en charge des frais

Les frais sont à la charge du majeur protégé. Le coût des mesures exercées par le mandataire judiciaire et ordonnées par le juge des tutelles dans le cadre d'une Maj est à la charge totale ou partielle de la personne protégée, en fonction de ses ressources *(art. L. 471-5 du CASF)*. À titre exceptionnel, lorsqu'un acte (ou une série d'actes), nécessaire dans le cadre de la mesure de protection, implique des démarches particulièrement longues ou complexes, le juge peut, après avoir recueilli l'avis du procureur de la République, allouer une indemnité au mandataire judiciaire, en complément de sa rémunération. Cette indemnité est à la charge de la personne protégée et est fixée par le juge, en application d'un barème national établi par décret. Le montant de l'indemnité est fixé, pour 2019, à 120,36 € de l'heure pour les 14 premières heures et à 150,45 € de l'heure à partir de la 15e heure *(art. D. 471-6 du CASF)*.

> **+** Les agents des organismes de sécurité sociale peuvent transmettre au préfet **les informations sur les ressources de leurs allocataires et sur les prestations qu'ils leur servent** pour permettre aux services du département de vérifier le montant de la participation de la personne protégée *(art. L. 471-5 du CASF)*.

La durée

La mesure est provisoire. Le juge fixe la durée de la mesure qui ne peut pas excéder deux ans. Mais il peut, à la demande de la personne protégée, du mandataire ou du procureur de la République, la renouveler par décision spécialement motivée sans que la durée totale ne puisse excéder quatre ans *(art. 495-8 du Code civil)*. Le juge des tutelles statue sur les difficultés éventuelles qui pourraient survenir dans la mise en œuvre de la Maj.

À tout moment, il peut, d'office ou à la demande de la personne protégée, du mandataire judiciaire ou du procureur de la République, en modifier l'étendue ou y mettre fin, après avoir entendu ou appelé le majeur protégé. La Maj prend fin automatiquement si une mesure de protection juridique est prononcée (habilitation familiale, sauvegarde de justice, curatelle, tutelle, mandat de protection future).

Les mandataires judiciaires

Parce qu'il était urgent d'assainir le secteur des opérateurs tutélaires (secteur qui connaissait certaines dérives), la réforme du 5 mars 2007 a institué un statut unique pour les intervenants dans le cadre des tutelles. Ils sont désormais regroupés sous l'appellation de « mandataires judiciaires à la protection des majeurs » (MJPM). Ce sont eux qui exercent, depuis le 1er janvier 2009, les mesures de protection des majeurs que le juge des tutelles leur confie dans le cadre de la sauvegarde de justice, de la curatelle, de la tutelle ou de la mesure d'accompagnement judiciaire. Ainsi, seul un mandataire judiciaire peut être désigné par le juge pour exercer une mesure d'accompagnement judiciaire *(art. 495-6 du Code civil)*, à l'instar de ce qui prévalait pour une tutelle aux prestations sociales pour adultes, déjà assurée par des professionnels agréés.

+ Les mandataires judiciaires doivent être **inscrits sur une liste** dressée et tenue à jour par le préfet du département. Ils sont tenus de satisfaire à des conditions de moralité, d'âge, de formation certifiée par l'État et d'expérience professionnelle *(art. L. 471-4 du CASF).*

Leur rôle

Dans le cadre d'une mesure d'accompagnement judiciaire, le mandataire est chargé d'une triple mission. D'une part, il est chargé de percevoir les prestations sociales désignées par le juge des tutelles sur un compte ouvert au nom du majeur protégé auprès d'un établissement bancaire. Cette précision est loin d'être anodine : le législateur a voulu ainsi mettre un terme à la pratique des comptes pivots, parfois source d'abus par le passé (voir chapitre 6). Les gérants de tutelle avaient jusqu'alors l'habitude de collecter les fonds de toutes les personnes à leur charge sur un compte unique ouvert à leur nom. Une pratique qui manquait pour le moins de transparence. Le mandataire doit désormais exercer sa gestion dans les conditions de l'article 472 du Code civil, également applicable en matière de curatelle renforcée. Autrement dit, il doit assurer lui-même le règlement des dépenses auprès des tiers et déposer l'excédent sur un compte laissé à la disposition du majeur ou le lui verser directement. D'autre part, le mandataire judiciaire est chargé de gérer les prestations dans l'intérêt de la personne en tenant compte de son avis et de sa situation familiale, et d'exercer auprès de l'adulte une « action éducative tendant à rétablir les conditions d'une gestion autonome des prestations sociales » *(art. 495-7 du Code civil)*. Enfin, il est tenu de respecter les règles de gestion des comptes qui s'appliquent aussi aux mesures de tutelle et de curatelle renforcée (voir chapitres 6 et 7).

La tenue du compte de gestion

Le mandataire judiciaire chargé d'une mesure d'accompagnement judiciaire doit établir chaque année un compte de sa gestion, auquel sont annexées toutes les pièces justificatives utiles *(art. 510 du Code civil)*. Une copie du compte et des pièces justificatives est remise chaque année à la personne protégée. Si la personne protégée a au moins 16 ans, si son état le permet et si elle donne son accord, le juge pourra aussi autoriser le partenaire de Pacs, un parent, un allié ou un de ses proches (quand ils justifient d'un intérêt légitime) à se faire communiquer, à leurs frais, une copie du compte et des pièces justificatives ou une partie de ces documents. Les comptes de gestion sont vérifiés et approuvés annuellement *(art. 511 et 512 du code civil)*.

L'HABILITATION FAMILIALE

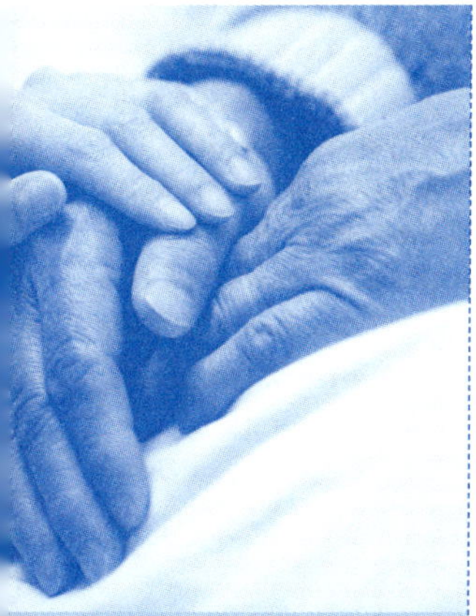

La mise en place de la mesure

Dès qu'une personne subit une altération de ses capacités, il est prudent de la protéger afin qu'elle ne prenne pas d'engagements néfastes pour elle ou son patrimoine. Au quotidien, il est nécessaire de pouvoir accomplir des actes en son nom. Si elle a préalablement conclu un mandat de protection future, il est temps de l'actionner (voir chapitre 2). À défaut, il faut s'en remettre à la justice. Dans les cas les plus graves, le juge des tutelles peut décider d'ouvrir une mesure de protection telle qu'une tutelle ou une curatelle (voir chapitres 6 et 7). Dans les familles où règne une bonne entente, une nouvelle solution moins contraignante est envisageable : « l'habilitation familiale ». Ce mandat judiciaire, récemment instauré par l'ordonnance n° 2015-1288 du 15 octobre 2015, permet de représenter un proche, qui est hors d'état de manifester sa volonté. Grâce à l'habilitation donnée par le juge, une personne de la famille peut passer des actes au nom du majeur vulnérable afin d'assurer la sauvegarde de ses intérêts. Le tout, sans qu'il y ait besoin de demander au juge l'ouverture d'une mesure de protection judiciaire (sauvegarde de justice, curatelle, tutelle). La loi du 23 mars 2019 de programmation 2018-2022 et de réforme pour la justice a élargi cette mesure de protection aux situations ne nécessitant qu'une assistance. Les enfants, les petits-enfants, les parents, les grands-parents, les frères et sœurs ainsi que le partenaire de Pacs ou le concubin peuvent bénéficier du dispositif. Le conjoint, qui était dans un premier temps totalement absent du dispositif, a été ajouté à la liste des personnes pouvant solliciter la mesure *(loi n° 2016-1547 du 18 novembre 2016 ayant ratifié l'ordonnance du 15 octobre 2015)*. Ainsi, cette mesure associe plus étroitement la famille à la protection de la personne vulnérable sans avoir à se soumettre au formalisme des mesures de protection judiciaires qui peut s'avérer pesant, en l'absence de conflit familial. Elle est régie par les articles 494-1 à 494-12 du Code civil et 1260-1 à 1260-12 du Code de procédure civile. La mesure est applicable depuis le 26 février 2016, soit le lendemain de la parution du décret d'application n° 2016-185 du 23 février 2016.

\+ L'habilitation familiale est réservée aux **situations familiales consensuelles** où chacun s'accorde sur le choix du proche pour représenter ou assister la personne en situation de vulnérabilité.

Les conditions à remplir

La délivrance d'une habilitation familiale est une décision grave car elle entraîne, en cas de représentation, l'incapacité de la personne au bénéfice de laquelle elle est mise en place. La personne protégée perd, en effet, sa capacité à agir seule, l'habilitation familiale n'est donc pas un mandat. En d'autres termes, la personne protégée perd tous les pouvoirs qui ont été confiés à la personne habilitée *(art. 494-8 du Code civil).* A contrario, elle conserve l'exercice des droits autres que ceux confiés à la personne habilitée à la représenter. C'est pourquoi la mesure doit être nécessaire et subsidiaire.
Notez qu'à compter du 1er janvier 2020, avec le remplacement des tribunaux de grande instance (TGI) et des tribunaux d'instance (TI) par les tribunaux judiciaires, la compétence des TI sera attribuée à un nouveau magistrat, le juge des contentieux de la protection au sein des nouveaux tribunaux judiciaires. Ce juge exerce les fonctions de juge des tutelles et connaîtra ainsi des affaires portant sur des demandes de désignation d'une personne habilitée *(art. L213-4-1 et L213-4-2 du Code de l'organisation judiciaire).*

La nécessité de la mesure

L'habilitation familiale ne peut être ordonnée par le juge qu'en cas de nécessité *(art. 494-2 du Code civil).* La personne à protéger doit être hors d'état de manifester sa volonté en raison d'une altération soit de ses facultés mentales, soit de ses facultés corporelles *(art. 425 du Code civil).* Il est impératif que cette altération soit médicalement constatée. Le certificat médical doit émaner d'un médecin inscrit sur une liste tenue par le procureur de la République et il doit être circonstancié (voir p. 74).

Le principe de subsidiarité s'applique

L'habilitation familiale ne peut intervenir que si les intérêts de la personne ne sont pas suffisamment protégés par d'autres règles : c'est le principe de subsidiarité. En pratique, l'article 494-2 du Code civil précise que l'habilitation familiale ne peut être ordonnée par le juge que lorsqu'il ne peut être suffisamment pourvu aux intérêts de la personne « par application des règles du droit commun de la représentation, de celles relatives aux droits et devoirs respectifs des époux et des règles des régimes matrimoniaux (...), ou par les stipulations du mandat de protection future conclu par l'intéressé ». Le juge doit examiner si des techniques très simples de représentation (mandat, procuration, voir chapitre 1) ne suffisent pas à résoudre les difficultés rencontrées par le majeur. Depuis la loi n° 2016-1547 du 18 novembre 2016, la subsidiarité applicable à l'habilitation familiale est désormais aussi envisagée au regard des règles relatives aux droits et devoirs des époux et des régimes matrimoniaux. C'est la conséquence de l'ajout par la loi du conjoint dans la liste des personnes pouvant être habilitées par le juge.

+ Le juge doit s'assurer qu'**aucun mandat de protection future** protégeant suffisamment la personne n'a été conclu.

La procédure de demande

Le dispositif d'habilitation familiale peut être mis en place à la demande des proches ou du procureur de la République. Une pièce essentielle doit accompagner la requête déposée au greffe : le certificat médical attestant de l'altération des facultés de la personne à protéger.

Qui peut formuler une requête ?

La demande aux fins de désignation d'une personne habilitée peut être présentée au juge par les proches. Un nombre restreint de personnes est autorisé à déposer une telle requête : un ascendant (mère, père, grands-parents), un descendant (enfant, petit-enfant...), un frère, une sœur, le partenaire de Pacs, le concubin ou le conjoint, à moins que la communauté de vie ait cessé entre eux. Nouveau, depuis la loi justice du 23 mars 2019, une personne peut demander pour elle-même une mesure d'habilitation familiale. Enfin, le procureur de la République, à la demande de l'une de ces personnes, peut aussi présenter une telle demande au juge *(art. 494-3 du Code civil)*. Ces mêmes personnes peuvent être habilitées ensuite par le juge à représenter le majeur vulnérable.

Comment formuler la requête ?

La demande aux fins de désignation d'une personne habilitée prend la forme d'une requête remise ou adressée au greffe du tribunal d'instance du lieu de résidence du majeur dont on demande la protection *(art. 1260-1 du CPC).*

Des éléments obligatoires. Sous peine d'être déclarée irrecevable, la requête comporte un certain nombre d'éléments. Elle doit en premier lieu indiquer les nom, prénoms et adresse de la personne à l'égard de qui l'habilitation est sollicitée, ainsi que ceux de la personne habilitée. Puis, elle précise les faits qui justifient la demande de protection ainsi que tout élément utile concernant la situation familiale du majeur à protéger : l'identité de ses proches (parent, enfant, frères et sœurs, etc.), sa

> + Le **certificat médical** est remis par le médecin au requérant sous pli cacheté, à l'attention exclusive du procureur de la République ou du juge des tutelles.

L'habilitation familiale élargie par la loi de 2019

La loi du 23 mars 2019 de programmation 2018-2022 et de réforme pour la justice :
- a étendu l'habilitation familiale aux hypothèses d'assistance et non plus seulement de représentation. Ainsi, il est désormais possible d'assister le proche qui subit une altération de ses facultés sans pour autant agir à sa place (système comparable à l'assistance du curateur avec l'apposition de la signature du proche habilité) ;
- a élargi les cas d'ouverture de la mesure. Le juge peut habiliter un proche non plus seulement lorsque la personne est « hors d'état de manifester sa volonté » mais lorsque celle-ci « est dans l'impossibilité de pourvoir seule à ses intérêts en raison d'une altération, médicalement constatée soit de ses facultés mentales, soit de ses facultés corporelles de nature à empêcher l'expression de sa volonté. Ainsi, les termes « hors d'état de manifester sa volonté » qui sont plus évocateurs de la nécessité de représentation que de l'assistance sont remplacés par des termes plus neutres ;
- a créé une passerelle entre les différentes mesures de protection afin de permettre au juge, saisi d'une demande d'ouverture de tutelle, curatelle, sauvegarde de justice ou une demande de renouvellement, de prononcer une habilitation familiale lorsque les intérêts de la personne sont suffisamment garantis par son entourage et qu'il y a consensus.

situation financière et patrimoniale, le nom de son médecin traitant s'il est connu du requérant *(art. 1260-2 et 1260-3 du CPC)*. Enfin, un certificat médical circonstancié doit être fourni. Ce document permet au juge des tutelles d'établir si la personne subit une altération de ses facultés et (condition impérative) si cette altération empêche l'expression de sa volonté.

Un certificat médical circonstancié doit accompagner la requête. Ce document doit émaner d'un médecin choisi sur une liste établie par le procureur de la République. Le médecin traitant peut donner son avis si le médecin expert le sollicite *(art. 431 du Code civil)*. Le certificat médical décrit avec précision l'altération des facultés du majeur à protéger et donne au juge tout élément d'information sur l'évolution prévisible de cette altération. Par ailleurs, le document précise les conséquences de cette altération sur la nécessité d'une assistance ou d'une représentation du majeur dans les actes de la vie civile, tant patrimoniaux qu'à caractère personnel *(art. 1219 du CPC)*.

> + Le coût forfaitaire du certificat médical circonstancié, **non pris en charge par l'Assurance-Maladie**, est de 160 € en 2019 *(art. R. 217-1 du Code de procédure pénale)*.

Les auditions préalables du juge

Avant de se prononcer, le juge instruit l'affaire et procède à l'audition de la personne à protéger ainsi qu'à celle de la personne souhaitant être habilitée. Les proches peuvent aussi être entendus, si le juge l'estime utile. Par ailleurs, il doit s'assurer de l'adhésion de tous ou, en tout cas, de leur absence d'opposition à la mesure et au choix du protecteur.

> + **L'audition** peut avoir lieu au siège du tribunal, au domicile de la personne à protéger, dans son établissement d'hébergement ou en tout autre lieu approprié.

L'audition de la personne à protéger

Le juge doit recevoir le majeur pour l'entendre. Il peut être accompagné par un avocat ou, sous réserve de l'accord du juge, par toute autre personne de son choix. Toutefois le juge peut, par décision spécialement motivée et sur avis du médecin expert, décider qu'il n'y a pas lieu de l'entendre si l'audition est de nature à porter atteinte à sa santé ou si la personne est hors d'état de s'exprimer. D'ailleurs, le certificat médical circonstancié doit préciser ce point le cas échéant.

Les autres auditions

Le juge procède également à l'audition de la personne demandant à être habilitée ainsi que, s'il l'estime opportun, des autres proches parmi les ascendants, descendants, frères et sœurs, partenaire de Pacs ou concubin.

L'adhésion des proches

Le juge doit s'assurer qu'aucun proche du majeur, parmi ses descendants, ascendants, frères et sœurs, partenaire de Pacs ou concubin qui entretiennent des liens étroits et stables avec lui ou qui manifestent de l'intérêt à son égard, ne s'oppose à la mesure d'habilitation et au choix de la personne habilitée *(art. 494-4, al. 2 du Code civil)*. Le juge constate leur adhésion ou leur absence d'opposition légitime après les avoir entendus ou par écrit *(art. 1260-7 du CPC)*. Ainsi, le juge ne peut accorder une habilitation familiale qu'en présence d'un consensus familial.

+ Le juge peut, si cela lui semble utile ou si le requérant ou le ministère public le réclament, ordonner certaines **mesures lui permettant de s'informer sur la situation du majeur**. Il peut, notamment, faire procéder à une enquête sociale.

La décision du juge

Le juge des tutelles doit tenir une audience avant d'ordonner la demande d'habilitation familiale. Il lui appartient de statuer sur le choix de la personne habilitée, l'étendue de l'habilitation et la durée de la mesure quand l'habilitation donnée est générale.

Le déroulement de l'audience

Le greffe convoque à l'audience, par lettre recommandée avec demande d'avis de réception, à laquelle est jointe une copie de la requête, les différentes parties : la personne à l'égard de qui une habilitation familiale est sollicitée, la personne habilitée ainsi que, si le juge l'estime utile, un ou plusieurs proches parmi les descendants, ascendants, frères et sœurs, conjoint, partenaire de Pacs ou concubin. À l'audience, le juge entend le requérant, la personne à protéger et, le cas échéant, le ministère public (qui peut également faire connaître son avis par écrit) et les avocats des parties si elles sont assistées. L'affaire est instruite en chambre du Conseil, c'est-à-dire que l'audience se tient dans le bureau du juge ou dans une petite salle au tribunal, hors de la présence du public. Attention, la requête est caduque si le juge des tutelles ne s'est pas prononcé sur celle-ci dans l'année où il a été saisi.

La personne à protéger n'est pas convoquée si son **audition** par le juge est de nature à **porter atteinte à sa santé** ou si elle est hors d'état de s'exprimer.

Le prononcé du jugement

Le juge statue sur le choix de la personne habilitée (il peut en désigner plusieurs), décide si celle-ci représente ou assiste la personne protégée et fixe l'étendue de l'habilitation en s'assurant que le dispositif est conforme aux intérêts patrimoniaux et, le cas échéant, personnels de l'intéressé *(art. 494-5 alinéa 1 du Code civil).*

La publicité de la mesure d'habilitation

Un extrait de la décision accordant l'habilitation familiale générale est transmis au greffe du tribunal de grande instance dans le ressort duquel est née la personne protégée, afin qu'il soit inscrit au répertoire civil et que mention en soit faite en marge de son acte de naissance. En revanche, en cas d'habilitation spéciale, aucune publicité n'est prévue. Certains experts craignent dans ce cas une insécurité juridique. En effet, bien que partielle, l'incapacité de la personne protégée, en cas d'habilitation restreinte à un ou plusieurs actes, existe tout de même. Les tiers qui auraient un doute sur la capacité du contractant, notamment les notaires, ne pourraient pas en être informés via le répertoire civil ou l'acte de naissance de l'intéressé.

L'habilitation familiale peut porter sur un ou plusieurs actes déterminés que le proche a le pouvoir d'accomplir seul sur les biens de l'intéressé ou relatifs à sa personne. On parle aussi d'habilitation spéciale : prendre une décision médicale, ouvrir un compte bancaire, conclure un bail, vendre un bien immobilier, etc. Si nécessaire, le juge peut aussi délivrer une habilitation générale portant, dans ce cas, sur l'ensemble des actes nécessaires.
Une fois la décision du juge rendue, elle est notifiée à la personne protégée, aux proches (descendants, ascendants, frères et sœurs, conjoint, partenaire de Pacs, concubin) qui entretiennent des liens étroits et stables avec elle ou qui manifestent de l'intérêt à son égard, ainsi qu'à la personne habilitée. La notification est en principe faite par lettre recommandée avec accusé de réception. Le procureur de la République est aussi avisé de la décision du juge.
Notez que, depuis la loi de réforme de la justice du 23 mars 2019 qui a instauré une passerelle, si l'habilitation familiale sollicitée ne permet pas d'assurer une protection suffisante, le juge peut ordonner une sauvegarde de justice, une curatelle ou une tutelle *(art. 494-5 alinéa 2 du Code civil).* À l'inverse, à l'issue de l'instruction d'une requête aux fins d'ouverture d'une mesure de protection judiciaire, le juge peut substituer une habilitation familiale à une mesure de curatelle ou de tutelle *(art. 494-3 du Code civil).*

La durée de la mesure

La durée de la mesure varie selon qu'elle est générale ou spéciale. Dans le cas d'une habilitation familiale donnée pour un ou plusieurs actes seulement, la mesure prend fin une fois les actes accomplis ; aucune durée n'est prévue.
En cas d'habilitation générale, le juge fixe une durée qui ne peut excéder dix ans. De plus, le juge n'a pas à motiver sa décision et n'a pas à obtenir un avis conforme du médecin expert pour déterminer la durée. À la fin du délai fixé, la mesure peut être renouvelée pour la même durée. Toutefois, lorsque l'altération des facultés personnelles de l'intéressé n'est manifestement pas susceptible de connaître une amélioration selon les données acquises de la science, le juge

> + Quand une **requête** est déposée **aux fins de renouvellement**, le requérant doit joindre une copie de la décision ayant délivré l'habilitation familiale.

peut, par décision spécialement motivée et sur avis conforme d'un médecin agréé, renouveler la mesure pour une durée plus longue n'excédant pas vingt ans.

Les recours

Les décisions du juge des tutelles peuvent faire l'objet d'un appel devant la cour d'appel dans le délai de quinze jours à compter de la notification de la décision. La constitution d'un avocat n'est pas obligatoire.

Les effets de l'habilitation familiale

Dans le cadre d'une mesure d'habilitation familiale, le juge des tutelles peut habiliter une ou plusieurs personnes à représenter ou à passer un ou des actes au nom de la personne protégée, afin d'assurer la sauvegarde de ses intérêts. Les personnes habilitées par le juge exercent leur mission gratuitement *(art. 494-1 du Code civil).*

Les pouvoirs de la personne habilitée

La personne habilitée a soit un pouvoir de représentation, créant chez le majeur protégé une incapacité à accomplir certains actes, soit un pouvoir d'assistance ce qui oblige la personne protégée à faire appel à elle pour les actes concernés afin qu'elle appose sa signature à côté de la sienne. Quand l'habilitation accordée est générale, les prérogatives du protecteur sont très étendues.

Un pouvoir de représentation...

En cas de représentation, l'habilitation entraîne l'incapacité de la personne au bénéfice de laquelle elle est mise en place. Le majeur protégé perd l'exercice d'une partie de ses droits. Il ne conserve que l'exercice des droits qui n'ont pas été confiés à la personne habilitée *(art. 494-8 du Code civil).* L'habilitation familiale n'est donc pas un mandat mais bien une mesure de représentation, la personne habilitée ayant le pouvoir de représenter ou de passer des actes au nom du majeur vulnérable.

...Ou un pouvoir d'assistance

Le champ d'application de l'habilitation familiale ayant été élargi par la loi justice du 23 mars 2019, le juge peut désormais désigner une ou plusieurs personnes habilitées à assister la personne protéger. Le texte relatif à la mesure *(art. 494-1)* renvoie à l'article 467 du Code civil, c'est-à-dire aux règles relatives à la curatelle. Ainsi, la (ou les) personne habilitée assiste le majeur vulnérable dans l'accomplissement des actes de disposition. Lors de la conclusion d'un acte écrit, l'assistance se manifeste par l'apposition de la signature de la personne habilitée à côté de celle de la personne protégée. De même, en cas de signification d'un acte, celle-ci doit être faite auprès des deux.

Suite à la réforme, une imprécision demeure. Selon les termes choisis, la loi ne précise pas si le juge peut limiter l'assistance à certains actes de disposition seulement et s'il peut l'étendre aux actes d'administration. La pratique des juges apportera sans nul doute des précisions.

Une grande liberté d'action

Le juge doit statuer sur l'étendue de l'habilitation en s'assurant que le dispositif projeté est conforme aux intérêts patrimoniaux et, le cas échéant, personnels de l'intéressé.

L'habilitation est dite spéciale quand elle autorise la personne habilitée à accomplir un ou plusieurs actes sur les biens de l'intéressé ou relatifs à la personne à protéger. Une fois l'habilitation donnée, le proche habilité accomplit les actes pour lesquels il a été autorisé. L'habilitation peut aussi être générale si l'intérêt de la personne à protéger le justifie. Dans ce cas, la mesure porte sur l'ensemble des actes (patrimoniaux et personnels) ou seulement sur l'une des deux catégories *(art 494-6, al. 5 du Code civil)*. Dans le cadre d'une habilitation générale, le proche habilité agit simplement au quotidien à la place du majeur vulnérable. Il n'a plus à demander, à la différence d'un tuteur ou curateur, l'autorisation du juge même pour des décisions importantes. Ses pouvoirs sont plus étendus que pour tous les autres régimes de protection. Ainsi, nul besoin ici de distinguer les actes d'administration ou de disposition comme en matière de tutelle ou curatelle, ce qui simplifie grandement la gestion de la mesure. La personne habilitée est ainsi autorisée à accomplir de nombreux actes : conclure des baux, procéder à la vente de certains biens immobiliers tels qu'un bien locatif, par exemple, etc. Toutefois, les donations requièrent toujours l'autorisation du juge des tutelles.

La gestion des comptes et livrets de la personne protégée

La personne habilitée peut procéder à la modification des comptes ou livrets ouverts au nom de la personne protégée, ainsi qu'à l'ouverture d'un autre compte ou livret auprès d'un établissement habilité à recevoir des fonds du public. Ainsi, la liberté laissée à la personne habilitée est encore ici plus grande que pour les autres régimes de protection où ces opérations nécessitent l'autorisation du juge.

Le logement de la personne protégée

En matière de curatelle et de tutelle, la loi impose que le logement de la personne protégée, sa résidence principale ou secondaire, ainsi que ses meubles soient conservés à sa disposition aussi longtemps que possible. S'il est nécessaire, dans l'intérêt du majeur protégé, de vendre son logement (ou ses meubles), de le louer, ou bien de résilier son bail, le curateur ou le tuteur doit demander l'autorisation du juge. En matière d'habilitation familiale, le dispositif protecteur de l'article 426 du Code civil est aussi applicable. La personne habilitée ne peut donc pas vendre le logement de la personne protégée sans l'autorisation du juge des tutelles.

Les décisions relatives à la protection de la personne

Lorsque l'habilitation s'étend à la personne du majeur, elle doit s'exercer dans le respect de certaines règles *(art. 494-6, al. 3 du Code civil)*. Il en résulte, par exemple, que la personne protégée doit re-

La responsabilité de la personne habilitée

La responsabilité civile de la personne habilitée a été alignée sur celle du mandataire de protection future *(art. 424 du Code civil)* et plus généralement sur celle des mandataires de droit commun *(art. 1992 du Code civil)*. Ainsi le « mandataire répond non seulement du dol, mais encore des fautes qu'il commet dans sa gestion ». Toutefois, la responsabilité civile de la personne habilitée risque d'être assez difficile à engager dans la mesure où il est prévu que « la responsabilité relative aux fautes est appliquée moins rigoureusement à celui dont le mandat est gratuit » et c'est le cas de la personne habilitée qui exerce gratuitement sa mission. Ses fautes devraient donc être appréciées avec indulgence.

**Étude parue dans* La Semaine juridique, *Édition notariale n° 51-52 « L'habilitation familiale : une innovation à parfaire ».*

cevoir, selon des modalités adaptées à son état, toutes informations sur sa situation personnelle, les actes concernés, leur utilité, leur degré d'urgence, leurs effets et les conséquences d'un refus de sa part *(art. 457-1 du Code civil).* Par ailleurs, la personne protégée choisit le lieu de sa résidence et elle entretient librement des relations personnelles avec tout tiers, parent ou non. Elle a le droit d'être visitée et, le cas échéant, hébergée par ceux-ci *(art. 459-2 du Code civil).*

La dispense de compte de gestion

La loi ne prévoit aucun contrôle régulier de la mesure d'habilitation familiale. Le protecteur est donc dispensé d'établir un compte annuel de gestion. L'intervention du juge n'est prévue qu'en cas de difficultés dans la mise en œuvre du dispositif.

L'absence de contrôle

À la différence des obligations applicables aux tuteurs et aux curateurs en curatelle renforcée, la personne habilitée n'a pas à établir de compte annuel de gestion. Par voie de conséquence, elle n'a donc pas à le transmettre au greffe du tribunal d'instance et à se soumettre à un contrôle du greffe, du juge ou d'une personne habilitée subrogée au sein de la famille. Dès lors que le juge a désigné une personne habilitée en s'assurant qu'il y avait adhésion ou absence d'opposition à la mesure de protection et au choix du protecteur, la confiance accordée à la famille est totale. Le juge n'a plus vocation à intervenir. Cette facilité de gestion constitue sans doute l'intérêt majeur de l'habilitation familiale en comparaison des autres mesures de protection. Mais cette absence de contrôle du bon déroulement de la mesure fait aussi grincer des dents. Certains dénoncent une prise de position idéaliste et peut-être non conforme aux intérêts de la personne à protéger à l'instar de Jacques Combret, notaire honoraire, et Nathalie Baillon-Wirtz, maître de conférence à l'université de Reims* : « L'argument, selon lequel l'habilitation familiale procède d'une vision bienveillante et conciliante à l'égard de l'institution familiale, ne saurait suffire à justifier cette décharge d'obligations. Il serait en réalité bien naïf de penser que les détournements et actes répréhensibles n'y ont pas leur place. »

Les recours possibles en cas de difficultés

Finalement, le seul contrôle possible est celui que peut exercer le juge à la demande de tout intéressé, c'est une nouveauté issue de la loi du 23 mars 2019, donc y compris la personne protégée (et non plus à la demande d'un proche parmi les descendants, ascendants, frères et sœurs, conjoint, concubin, partenaire de Pacs). Le procureur de la République peut aussi solliciter l'intervention du juge *(art. 494-10 du Code civil)*. Ce dernier statue à leur demande « sur les difficultés qui pourraient intervenir dans la mise en œuvre du dispositif ». Dès lors, ce dernier peut modifier l'étendue de l'habilitation, ou y mettre fin, après avoir entendu la personne protégée ainsi que la personne habilitée (sur la responsabilité civile de la personne habilitée, voir encadré p. 81).

Opposition d'intérêt et dépassement de pouvoirs

La loi prévoit une sanction pour les actes irréguliers, c'est à dire ceux passés par la personne protégée seule alors que le juge avait requis une représentation ou une assistance par la personne habilitée. Par ailleurs, dès lors que l'accomplissement d'un acte place la personne protégée et la personne habilitée en conflit d'intérêts, interdiction est faite de passer cet acte.

L'opposition d'intérêt

Si l'accomplissement d'un acte place la personne habilitée en conflit d'intérêts avec la personne protégée, interdiction lui est faite de passer cet acte *(art. 494-6, al. 6 du Code civil)*. Toutefois, à titre exceptionnel, et lorsque l'intérêt du majeur vulnérable l'impose, le juge peut autoriser cet acte. Notez que si, au regard de cet intérêt, il n'accorde pas cette autorisation exceptionnelle, la loi n'a pas prévu, comme en matière de tutelle ou de curatelle, la possibilité pour le juge de désigner une personne habilitée ad hoc.

Le dépassement des pouvoirs

Si la personne protégée passe seule un acte dont l'accomplissement a été confié à la personne habilitée, l'acte est nul de plein droit sans qu'il soit nécessaire de justifier d'un préjudice. Il en va de même si la personne habilitée outrepasse ses pouvoirs *(art. 494-9, al. 1 et 5 du Code civil)*. En revanche, si elle accomplit seule un acte qui nécessitait une assistance, l'acte ne peut être annulé que s'il est établi que la personne protégée a subi un préjudice *(art. 494-9 al. 2 du Code civil)*.

Le sort des actes accomplis avant l'habilitation familiale

Comme en matière de tutelle et curatelle, les actes accomplis par la personne protégée moins de deux ans avant le prononcé de l'habilitation familiale sont valables mais fragiles. Cette période est considérée comme suspecte, c'est pourquoi il est possible de faire rétroagir la protection. Ces actes peuvent être réduits ou annulés.
En pratique, les obligations résultant de ces actes peuvent être réduites sur la seule preuve que l'inaptitude de la personne à défendre ses intérêts, par suite de l'altération de ses facultés personnelles, était notoire ou connue du cocontractant à l'époque où les actes ont été passés. S'il est justifié d'un préjudice subi par la personne protégée, alors ces actes peuvent être annulés.
L'action en nullité ou réduction peut être engagée dans le délai de cinq ans par la personne habilitée avec l'autorisation du juge des tutelles *(art. 494-9, al. 4 du Code civil)* mais aussi par ses héritiers en cas de décès. Notez que, pendant tout ce temps, l'acte contesté peut aussi être confirmé avec l'autorisation du juge.

La fin de la mesure d'habilitation

Outre le décès de la personne protégée, la mesure d'habilitation prend fin dans plusieurs cas *(art. 494-11 du Code civil)* : le placement du majeur vulnérable sous une mesure de protection judiciaire ; suite à un jugement de mainlevée ; en l'absence de renouvellement à l'expiration du délai fixé ; ou après l'accomplissement des actes pour lesquels l'habilitation avait été délivrée. Enfin, le juge peut aussi y mettre fin en cas de difficultés survenues dans la mise en œuvre du dispositif.

Par une décision judiciaire

Il existe deux hypothèses dans lesquelles le juge peut décider de mettre fin à l'habilitation familiale.

Le jugement de mainlevée

La personne protégée elle-même (depuis la loi du 23 mars 2019), ainsi que ses proches (ascendants, descendants, frères et sœurs, conjoint, partenaire de Pacs, concubin) ou le procureur de la République, peuvent demander au juge des tutelles la mainlevée de la mesure. Le juge ne rendra un tel jugement que si les conditions de l'habilitation familiale ne sont plus réunies (hypothèse d'un rétablissement des facultés personnelles de l'intéressé) ou « lorsque l'exécution de l'habilitation familiale est de nature à porter atteinte aux intérêts de la personne protégée » *(art. 494-11, 2° du Code civil)*. Afin que les tiers soient informés du retour du majeur à sa pleine capacité, le Code de procédure civile *(art. 1260-12)* prévoit qu'un extrait de la décision ordonnant la mainlevée de l'habilitation familiale générale soit transmis au greffe du TGI (dans le ressort duquel est né le majeur protégé). Ce dernier fait modifier le répertoire civil et le fait apparaître en marge de son acte de naissance.

+ La personne protégée elle-même n'est pas admise à **saisir le juge en cas de difficultés**, ce qui peut paraître contestable (alors qu'il peut être mis fin à la tutelle ou curatelle à la demande de la personne intéressée).

En cas de difficultés

La seconde hypothèse dans laquelle le juge peut décider de mettre fin à la mesure résulte de l'article 494-10 du Code civil. S'il est saisi, à la demande de tout intéressé ou du procureur de la République, « sur les difficultés qui pourraient survenir dans la mise en œuvre du dispositif », il peut décider de modifier l'étendue de l'habilitation ou y mettre fin, après avoir entendu ou appelé la personne bénéficiaire de la mesure.

Les causes automatiques

Les causes de cessation automatique de l'habilitation familiale sont énumérées à l'article 494-11 du Code civil :

- le décès du majeur protégé ;
- son placement sous sauvegarde de justice, sous curatelle ou sous tutelle ;
- de plein droit en l'absence de renouvellement à l'expiration du délai fixé ;
- après l'accomplissement des actes pour lesquels l'habilitation a été délivrée.

Lorsque la mesure de protection a pris fin à l'expiration du délai fixé, avis en est donné par tout moyen au TGI (dans le ressort duquel est né le majeur protégé) par le greffe du tribunal d'instance, saisi par tout intéressé, pour faire modifier le répertoire civil et le faire apparaître en marge de l'acte de naissance du majeur.

LA SAUVEGARDE DE JUSTICE

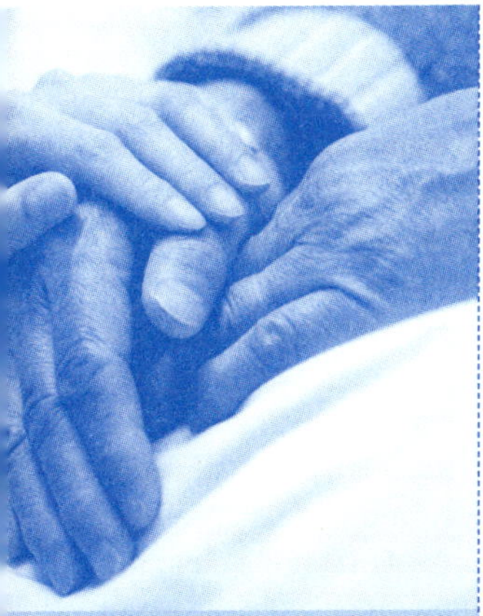

La mise en œuvre de la mesure

Parmi les trois grandes mesures de protection judiciaires des majeurs existantes (la sauvegarde de justice, la curatelle et la tutelle), la sauvegarde de justice est la première et la plus légère. Elle est destinée à défendre une personne malade ou handicapée, sans toutefois la priver de sa capacité à agir par elle-même. La sauvegarde de justice est une mesure provisoire, alors que la curatelle et la tutelle constituent des modes de protection qui s'inscrivent généralement sur le long terme (voir chapitres 6 et 7). La sauvegarde de justice est principalement adaptée à la protection d'une personne atteinte d'une altération momentanée de ses facultés mentales ou physiques, comme ce peut être le cas, par exemple, à la suite d'un accident, d'une hospitalisation... La mise en place d'une telle mesure répond alors à une situation d'urgence et est appelée à cesser dès que la personne ainsi protégée recouvre ses facultés. Mais la sauvegarde de justice peut aussi déboucher sur une mesure de protection beaucoup plus soutenue, de curatelle ou de tutelle. Le placement de la personne vulnérable sous sauvegarde de justice vise alors à pouvoir lui assurer le plus rapidement possible un minimum de protection, le temps de la mise en place de la curatelle ou de la tutelle. La sauvegarde de justice est régie par les articles 433 à 439 du Code civil.

+ Une sauvegarde de justice ne peut pas être mise en place si une solution moins contraignante est envisageable (règles du régime matrimonial, procuration, mandat de protection future), c'est **le principe de subsidiarité.**

Notez qu'à compter du 1er janvier 2020, avec le remplacement des tribunaux de grande instance (TGI) et des tribunaux d'instance (TI) par les tribunaux judiciaires, la compétence des TI sera attribuée à un nouveau magistrat, le juge des contentieux de la protection au sein des nouveaux tribunaux judiciaires. Ce juge exercera les fonctions de juge des tutelles et connaîtra ainsi des affaires relatives à la sauvegarde de justice *(art. L213-4-1 et L213-4-2 du code de l'organisation judiciaire).*

Le placement sous sauvegarde de justice

La sauvegarde de justice peut être mise en place de deux façons : à la suite d'une déclaration médicale ou à la suite d'une décision du juge des tutelles. Dans les deux cas, l'affaiblissement des facultés de la personne à protéger doit être médicalement constaté.

Le constat médical

La sauvegarde de justice est destinée à protéger une personne « dans l'impossibilité de pourvoir seule à ses intérêts en raison d'une altération (…) soit de ses facultés mentales, soit de ses facultés corporelles de nature à empêcher l'expression de sa volonté » *(art. 425 du Code civil).* Cette altération doit obligatoirement être constatée par un médecin. Il s'agit généralement d'une altération temporaire (suites d'un accident, coma, grave dépression nerveuse...). Mais si l'affaiblissement devient durable, la sauvegarde de justice peut être le prélude à une mesure de protection plus lourde, de curatelle ou de tutelle. Notez que, comme pour une tutelle ou une curatelle, outre le constat de l'altération des facultés, la sauvegarde de justice ne peut être mise en place que si elle est nécessaire. Elle doit par ailleurs être décidée uniquement s'il n'existe pas de moyen moins contraignant de protéger efficacement la personne vulnérable (application des règles du régime matrimonial notamment).

La décision médicale

La mise sous sauvegarde de justice peut être déclenchée par le médecin qui soigne la personne vulnérable dans les conditions prévues par l'article L. 3211-6 du Code de la santé publique *(art. 434 du Code civil).*

Pas d'obligation de déclaration pour le médecin traitant. S'il constate que son patient a besoin d'être « protégé dans les actes de la vie civile » en raison d'une altération de ses facultés mentales ou corporelles, le médecin traitant peut faire une demande de mise sous protection au procureur de la République du lieu de traitement. Mais il n'en a pas l'obligation. Cette déclaration a pour conséquence de placer d'office le malade sous sauvegarde de justice. Notez, en effet, que le procureur de la République n'a pas le pouvoir d'apprécier le bien-fondé de la mesure. La loi impose cependant un garde-fou, en exigeant que la déclaration du médecin soit accompagnée de l'avis conforme d'un psychiatre. Il s'agit, notamment, d'éviter le risque de pression familiale sur le médecin de famille.

Une déclaration obligatoire en cas de séjour dans un établissement de santé, un hôpital des armées, un établissement social ou médico-social. Lorsque le malade est hospitalisé dans un établissement de santé, dès lors que le médecin hospitalier constate, chez son patient, une altération de ses facultés telle qu'il nécessite une protection, il doit en faire la déclaration au procureur de la République. La loi n° 2015-1776 du 28 décembre 2015 relative à l'adaptation de la société au vieillissement a étendu le dispositif en ajoutant une nouvelle catégorie de déclaration médicale obligatoire. Désormais, la procédure de sauvegarde de justice peut s'effectuer par déclaration médicale du médecin de l'établissement social ou médico-social où est hébergée la personne à protéger. Tout comme pour celle émanant du médecin traitant, la déclaration au procureur du médecin de l'hôpital ou celle du médecin de la maison de retraite a pour effet de placer automatiquement le malade sous sauvegarde de justice. Le procureur de la République doit en informer le préfet du département *(art. L. 3211-6 du Code de la santé publique)*. La personne protégée peut introduire un recours amiable auprès du procureur de la République, pour obtenir la radiation de cette sauvegarde.

La décision judiciaire

L'article 433 du Code civil prévoit que le juge des tutelles peut placer sous sauvegarde de justice une personne qui a besoin d'une protection juridique temporaire. Il en va de même si la personne concernée doit être représentée pour l'accomplissement de certains actes déterminés. Ce besoin de protection ou de représentation doit, ici encore, être justifié par une altération des facultés mentales ou corporelles. Cet affaiblissement doit être dûment constaté dans un certificat médical. Il s'agit ici de pallier en urgence un abaissement provisoire des facultés de la personne vulnérable, dans l'attente d'une amélioration de son état de santé.

Mais le même article 433 du Code civil prévoit aussi que le juge des tutelles peut décider le placement sous sauvegarde de justice, lorsqu'il a été saisi d'une demande de mise sous curatelle ou sous tutelle (le juge ne peut pas se saisir d'office). Il s'agit alors de protéger provisoirement le majeur vulnérable, en attendant la mise en place de la mesure de protection renforcée. Contrairement à la première situation, cela suppose que l'état du majeur à protéger ne soit pas susceptible de s'améliorer rapidement. Notez que la décision du juge des tutelles n'est susceptible d'aucun recours *(art. 1249 du Code de procédure civile)*. Par ailleurs, elle est exécutoire dès son prononcé, c'est-à-dire qu'elle prend effet immédiatement, même si elle n'a pas été notifiée à l'intéressé *(C. cass., civ. 1re, 29.6.2011, n° 10-18960)*.

Un certificat médical circonstancié doit obligatoirement accompagner la requête. Dans tous les cas, l'altération des facultés du majeur doit impérativement être constatée dans un certificat médical circonstancié (c'est-à-dire détaillé). Ce document doit obligatoirement accompagner la demande d'ouverture de la sauvegarde de justice. S'il manque, la demande ne pourra pas aboutir *(art. 431 du Code civil)*. Retenez que ce certificat ne peut pas être établi par le médecin traitant de la personne vulnérable. Le législateur semble s'être méfié du médecin de famille, sans doute jugé trop proche de la personne à protéger pour apprécier sa situation avec toute l'objectivité nécessaire. C'est aussi un moyen d'éviter que la famille puisse faire pression sur lui, le cas échéant. Quoiqu'il en soit, la loi exige que le certificat soit rédigé par un médecin choisi sur une liste tenue par le procureur de la République *(art. 431 du Code civil)*. La liste officielle des médecins agréés est disponible au greffe des tribunaux d'instance.

> **+** Notez, toutefois, que s'il l'estime utile, le médecin agréé peut demander **l'avis du médecin traitant** de la personne à protéger.

Le contenu du certificat est précisé à l'article 1219 du Code de procédure civile. Il doit décrire avec précision l'altération des facultés du majeur, donner au juge tous les éléments d'information sur l'évolution prévisible de cette altération, préciser ses conséquences sur la nécessité d'une assistance ou d'une représentation du majeur dans les actes de la vie civile, concernant ses biens et sa personne. Enfin, le certificat doit indiquer si l'audition du majeur par le juge est de nature à porter atteinte à sa santé ou s'il est hors d'état d'exprimer sa volonté, ce qui peut justifier que le juge n'entende pas le majeur avant de rendre sa décision. Le coût du certificat médical obligatoire est également fixé par décret *(décret n° 2008-1485 du 22.12.2008, JO du 31)*. Le médecin qui l'établit n'est pas libre de fixer ses honoraires.

Son coût s'élève à 160 €. Un versement forfaitaire supplémentaire de 30 € est dû si la personne faisant objet de la demande ne se rend pas au rendez-vous (voir chapitre 6).

La saisine du juge des tutelles. Le juge des tutelles est un magistrat spécialisé du tribunal d'instance. Il peut être saisi par une simple requête remise ou adressée au greffe du tribunal d'instance du domicile de la personne à protéger. Le formulaire préimprimé de de « requête en vue d'une protection juridique d'un majeur » est disponible dans les greffes des tribunaux d'instance ou sur www.service-public.fr « Services en ligne et formulaires ». Il s'agit du Cerfa n° 15891*01. L'intervention d'un avocat n'est pas obligatoire. En pratique, la demande de mise sous sauvegarde de justice (ou celle de placement sous tutelle ou curatelle) peut être adressée au juge des tutelles par l'une des personnes désignées à l'article 430 du Code civil. Selon cet article, il peut s'agir de la personne à protéger elle-même, de son conjoint, de son partenaire de Pacs ou concubin, sauf si la vie

La publicité de la mesure

La mise en place de la sauvegarde de justice est mentionnée sur un registre spécial tenu par les services du procureur de la République. Seul un nombre restreint de personnes peut avoir accès à ce registre *(art. 1251-1 du Code de procédure civile)*. C'est notamment le cas des autorités judicaires, des personnes habilitées à demander l'ouverture d'une mesure de curatelle ou de tutelle, à savoir l'intéressé et ses proches. Les notaires, les huissiers et les avocats sont également habilités à obtenir une copie de la déclaration aux fins de sauvegarde de justice lorsqu'ils doivent accomplir un acte entrant dans leurs fonctions... à condition qu'ils aient des doutes sur les capacités de l'intéressé. En revanche, la mesure n'est pas portée au répertoire civil (RC), comme en cas de mise sous curatelle ou de tutelle. La mention « RC » ne figure donc pas sur l'acte de naissance de l'intéressé, comme c'est le cas pour la tutelle ou la curatelle. En effet, le législateur a considéré que la sauvegarde de justice – mesure de protection légère et provisoire laissant à la personne protégée sa capacité juridique – n'a pas à être portée à la connaissance des tiers.

commune a cessé entre eux (dans les trois cas). La demande peut aussi émaner d'un parent ou d'un allié, ou même de toute personne qui entretient avec le majeur à protéger des liens étroits et stables. La demande peut encore être effectuée par la personne qui exerce sur lui une mesure de protection juridique. Elle peut enfin être présentée par le procureur de la République, soit d'office, soit à la demande d'un tiers. La requête doit comporter, outre le certificat médical circonstancié, l'identité de la personne à protéger, les faits qui appellent la protection, les noms des proches, et, s'il est connu, le nom du médecin traitant, avec dans la mesure du possible, les éléments concernant la situation familiale, financière et patrimoniale de la personne *(art. 1218-1 du Code de procédure civile).*

Le juge doit entendre la personne vulnérable. Normalement, le juge des tutelles doit entendre la personne concernée avant de prendre sa décision. Lors de cette audition, l'intéressé peut se faire accompagner par un avocat (voir chapitre 6), ou, avec l'accord du juge des tutelles, par toute autre personne de son choix. En simple qualité de proche, ou de parent, vous pourrez donc accompagner la personne vulnérable à son audition préalable par le juge *(art. 432 du Code civil).* La loi prévoit cependant qu'en cas d'urgence, le magistrat peut prendre sa décision sans avoir procédé à l'audition du majeur à protéger *(art. 433 du Code civil).* Mais il doit l'entendre ensuite « dans les meilleurs délais » (la loi n'impose pas de délai minimal pour procéder à cette audition). Le magistrat peut également décider de ne pas s'entretenir avec la personne à protéger, si cette audition risque de porter préjudice à sa santé. Il en va de même si la personne vulnérable est hors d'état d'exprimer sa volonté. Dans ces deux derniers cas, un avis médical (émanant d'un médecin inscrit sur la liste officielle des médecins agréés) doit justifier l'impossibilité d'auditionner. La personne est alors simplement informée de l'existence de la procédure. Le juge peut ordonner des mesures d'information (par exemple, enquête sociale) ou demander à entendre les parents ou proches de la personne à protéger.

> **L'audition** peut avoir lieu au siège du tribunal, au lieu d'habitation du majeur, dans l'établissement de traitement ou tout autre lieu approprié *(art. 1220-1 du Code de procédure civile).*

Une nouveauté : depuis la loi justice du 23 mars 2019, à l'issue de l'instruction de la requête aux fins d'ouverture d'une mesure de protection judiciaire (sauvegarde de justice, curatelle, tutelle), le juge peut décider plutôt de mettre en place une habilitation familiale (voir chapitre 4) en désignant une personne habilitée *(art. 494-3 al. 3 du Code civil).* Une passerelle a ainsi été créée, nul besoin de ressaisir le juge.

La durée de la mesure

La sauvegarde de justice a un caractère temporaire. L'article 439 du Code civil prévoit, en effet, que la mesure de sauvegarde de justice ne peut pas excéder un an (renouvelable une fois). Au-delà de cette durée, la mesure devient automatiquement caduque (elle cesse de s'appliquer).

Un seul renouvellement

La mesure de sauvegarde de justice est renouvelable une fois, pour une durée maximale d'un an. Le renouvellement peut être décidé d'office par le juge des tutelles. Le magistrat peut aussi décider le renouvellement à la suite d'une demande en ce sens, formulée par l'une des personnes habilitées à demander la mise en place de la mesure de protection. Dans tous les cas, le juge des tutelles doit prendre sa décision en s'appuyant sur un certificat médical, établi par un médecin figurant sur une liste dressée par le procureur de la République. Le juge doit avoir préalablement auditionné la personne protégée. Celle-ci peut se faire accompagner d'un avocat, ou, avec l'accord du juge des tutelles, de toute personne de son choix (*art. 432 du Code civil*). En outre, le magistrat doit motiver sa décision.

> **+** Le magistrat peut décider de ne pas s'entretenir avec le majeur protégé, si cette **audition est susceptible de porter atteinte à sa santé**, ou lorsque l'intéressé est hors d'état d'exprimer sa volonté. Le juge doit alors s'appuyer sur un certificat médical rédigé par un médecin figurant sur la liste officielle.

La cessation avant terme

La loi prévoit plusieurs situations dans lesquelles la mesure de sauvegarde de justice peut prendre fin avant l'expiration du délai d'un an, éventuellement prorogé *(art. 439 du Code civil).* Ainsi, lorsque la sauvegarde de justice a été mise en place par le juge des tutelles (et non lorsqu'elle est d'origine médicale), le magistrat peut y mettre fin à tout moment si le besoin de protection temporaire cesse, en procédant à une « mainlevée ». Si la sauvegarde de justice est d'origine médicale, le procureur de la République peut y mettre fin, au vu d'une déclaration du médecin établissant que le besoin de protection a cessé. Le procureur de la République peut aussi procéder de lui-même à la radiation de la déclaration médicale, pour la même raison.

Dans tous les cas, en l'absence de mainlevée, de déclaration de cessation ou de radiation de la déclaration médicale, la sauvegarde de justice prend fin à l'expiration du délai prévu, ou après l'accomplissement des actes pour lesquels elle a été ordonnée. La sauvegarde de justice cesse également en cas d'ouverture d'une mesure de curatelle ou de tutelle. La sauvegarde s'arrête alors de fonctionner à partir du jour où la nouvelle mesure de protection juridique prend effet. Enfin, comme pour toutes les mesures de protection juridique, la mission de la personne chargée de la sauvegarde de justice prendra également fin en cas de décès de la personne protégée.

Les effets de la sauvegarde de justice

L'article 435 du Code civil affirme le principe selon lequel la personne placée sous sauvegarde de justice « conserve l'exercice de ses droits ». Concrètement, cela signifie que la personne protégée jouit quasiment de la même capacité juridique d'agir qu'avant son placement sous sauvegarde de justice. En revanche, elle bénéfice d'une protection spécifique contre les cocontractants de mauvaise foi. Tous les actes effectués par la personne protégée, contrats ou engagements, peuvent, en effet, être facilement remis en cause lorsqu'ils lui sont défavorables.

Les droits exercés par le majeur protégé

Le majeur protégé peut exercer directement ses droits patrimoniaux ou personnels, comme avant son placement sous sauvegarde de justice. La loi prévoit, néanmoins, trois exceptions possibles à cette absence d'intermédiaire.

La liberté d'action

En principe, le majeur protégé n'a pas besoin d'être assisté ou représenté par un tiers pour agir, contrairement à ce qui prévaut dans le cadre d'une curatelle et, surtout, d'une tutelle. Il reste ainsi libre, par exemple, de signer un chèque, de vendre tel ou tel bien, y compris un bien immobilier, de l'hypothéquer, voire de le donner ou de le léguer par testament. Il peut aussi placer de l'argent, en prêter... voire consentir un mandat de protection future (voir chapitre 2). De même, l'intéressé conserve le droit de se marier, de reconnaître un enfant naturel ou, au contraire de contester sa paternité, d'adopter un enfant, de voter... Les actes passés par la personne protégée seule sont donc, en principe, tout à fait valables.

Il existe toutefois trois exceptions à cette liberté d'agir. La première concerne le divorce. Le Code civil prévoit que le majeur sous sauvegarde de justice ne peut pas divorcer par consentement mutuel *(art. 229-2 et 249-4 du Code civil)*. En revanche, depuis la loi du 23 mars 2019, il peut recourir à un divorce accepté. En ce qui concerne les autres procédures de divorce, la loi prévoit qu'aucune demande n'est recevable avant que la personne protégée soit placée sous un régime de curatelle ou de tutelle *(art. 249-3 du Code civil).* Le majeur placé sous sauvegarde de justice ne peut pas non plus faire un acte pour lequel le juge des tutelles a désigné un « mandataire spécial » (*art. 435 du Code civil*, voir p. 99). Enfin, le majeur protégé doit, en principe, demander l'autorisation au juge des tutelles pour tous les actes concernant son logement et les meubles qu'il contient *(art. 426 du Code civil).*

L'assistance du majeur

Si la sauvegarde de justice s'exerce, en principe, sans l'intervention d'un tiers, il existe cependant trois situations dans lesquelles un intermédiaire va intervenir et assister la personne vulnérable : le mandat donné par le majeur vulnérable à un tiers, l'intervention de tiers en dehors de tout mandat, et la désignation d'un mandataire spécial par le juge des tutelles (voir p. 99).

Le majeur protégé mandate un tiers. La première exception au principe de liberté d'action est le fait du majeur protégé lui-même. Celui-ci, conscient de ses propres faiblesses, peut en effet prendre (ou avoir pris, avant la mise en place de la sauvegarde de justice) la décision d'avoir un représentant pour l'assister dans certaines démarches. Il peut s'agir d'un proche, d'un ami, ou de toute autre personne de son choix. Le mandataire peut être chargé d'une mission spécifique. Par exemple, la personne protégée peut charger le mandataire de gérer ses comptes en banque, de payer les factures courantes, d'encaisser des loyers, de vendre un bien... Il peut également consentir un mandat général conférant au représentant un pouvoir global de gestion.

> La mission du mandataire doit être décrite noir sur blanc dans **un mandat ou une procuration** (pour plus de détails concernant la rédaction de ces documents, chapitre 1).

L'article 436 du Code civil précise que le placement du mandant (la personne protégée) sous sauvegarde de justice ne remet pas en cause le mandat ou la procuration consentie antérieurement. Ceux-ci continuent à s'appliquer, conformément à ce qui a été prévu au départ. Néanmoins, le même article prévoit que le juge des

tutelles peut révoquer le ou les mandats consentis par la personne protégée. Il peut en décider ainsi, par exemple, en cas d'incompétence avérée du mandataire. Le magistrat peut aussi se contenter de suspendre momentanément l'exécution du ou des mandats.
Dans les deux cas, le juge doit cependant s'entretenir au préalable avec le mandataire. Notez que l'article 436 du Code civil ne prévoit que l'hypothèse dans laquelle le majeur vulnérable a souscrit un mandat avant sa mise sous sauvegarde de justice. Il semble exclure la possibilité pour le majeur de désigner un mandataire après avoir été placé sous sauvegarde de justice. En cas de litige sur ce point, les tribunaux seront amenés à trancher. Notez que le mandataire n'a pas à rendre compte de sa gestion au juge des tutelles (cette obligation s'impose, en revanche, au mandataire spécial nommé par le magistrat).
L'application des règles de la gestion d'affaires. L'article 436 du Code civil prévoit une deuxième exception au principe d'absence d'intermédiaire : lorsqu'un proche intervient, soit de manière spontanée dans le cadre de la « gestion d'affaires », soit en raison d'une obligation légale. La gestion d'affaires est un terme juridique pour décrire la situation dans laquelle une personne prend l'initiative d'agir pour le compte d'une autre, afin de lui rendre service, mais sans en avoir reçu l'ordre ou la permission préalable (voir chapitre 1). Tel peut être le cas si la personne aidée est momentanément absente de son domicile, ou si elle souffre de troubles qui l'empêchent de réaliser des actes nécessaires à la vie courante (par exemple, des troubles de mémoire ou du raisonnement). Un tiers peut alors se trouver dans la nécessité d'agir dans l'urgence pour protéger les intérêts de cette personne, sans pouvoir lui demander son accord. En général, l'intervention sera le fait d'un proche, mais un voisin ou un ami... peut le faire aussi. Il peut s'agir, par exemple, de faire intervenir un plombier dans la maison d'un voisin hospitalisé ou encore de payer une facture d'eau ou d'électricité, afin d'éviter une coupure. La gestion d'affaires est régie par les articles 1301 et suivants du Code civil. Ces textes précisent notamment que la personne protégée est tenue de remplir les engagements contractés par son « représentant spontané » (payer une facture pour des travaux engagés, par exemple) et l'indemniser des dépenses faites dans son intérêt.

Les proches sont parfois tenus d'agir. En dehors de la gestion d'affaires, la loi prévoit une obligation légale d'agir pour sauvegarder les intérêts de la personne protégée. Selon l'article 436 du Code civil, cette obligation s'impose aux personnes « qui ont qualité pour demander l'ouverture d'une tutelle ou d'une curatelle ». Il s'agit des personnes visées à l'article 430 du Code civil, c'est-à-dire, principalement, le conjoint, le concubin ou le partenaire de Pacs de la personne protégée, un parent ou un allié. La même obligation pèse, le cas échéant, sur la personne ou l'établissement qui héberge la personne placée sous sauvegarde *(art. 436 du Code civil)*. Les intéressés sont ainsi tenus d'accomplir les actes conservatoires indispensables à la préservation du patrimoine de la personne protégée.

> **+** Les **actes conservatoires** sont les actes urgents permettant de maintenir en état le patrimoine d'une personne. Par exemple, le paiement d'une facture, la réalisation de travaux urgents...

À défaut d'intervention, la responsabilité civile des intéressés pourrait être engagée si le majeur protégé subissait un préjudice. Cela suppose, cependant, que les personnes mentionnées ci-dessus aient connaissance de la sauvegarde de justice et conscience de la nécessité d'une intervention urgente.

La désignation d'un mandataire spécial

Lorsque la « simple » sauvegarde de justice ne suffit pas, un degré supplémentaire peut être franchi en matière de protection : un « mandataire spécial » est désigné par le juge des tutelles. En pratique, cette dernière solution est courante. Ainsi, par exemple, le mandat, qui a pu être confié, avant l'ouverture de la sauvegarde de justice, par le majeur protégé à un tiers pour administrer ses biens, peut s'avérer insuffisant pour protéger efficacement ses intérêts. De même, la seule application des règles de la gestion d'affaires qui intervient en l'absence de mandat peut être inefficace. Dans une telle situation, « tout intéressé peut en donner avis au juge des tutelles » *(art. 437 du Code civil)*. S'il l'estime approprié, le magistrat peut alors désigner un mandataire spécial. Ce mandataire sera chargé d'accomplir les actes nécessaires à la bonne gestion du patrimoine de la personne protégée. Par exemple, dans une affaire où il a été constaté que le majeur à protéger souffrait de troubles de la mémoire et de problèmes physiques l'empêchant de s'occuper de ses biens, qu'il ne savait plus manier la monnaie et avait perdu la notion de la valeur de l'argent et par conséquent avait dû vendre des valeurs mobilières pour régulariser des chèques impayés, les juges ont, à bon droit, désigné un mandataire spécial *(C. cass., civ. 1re, 20.5.2009, n° 08-12923).*

> **+** La décision désignant un mandataire spécial est susceptible de **recours dans les quinze jours** à compter de la réception de la notification. Une lettre recommandée avec AR doit être adressée au greffe du tribunal d'instance qui la transmettra à la cour d'appel.

Qui peut être mandataire spécial ?

Pour choisir le mandataire spécial, le juge des tutelles doit respecter les règles des articles 445 et 448 à 451 du Code civil *(art. 437 du Code civil).* Ces articles réglementent le choix d'un curateur ou d'un tuteur. Le cas échéant, le juge doit respecter le choix d'un mandataire désigné par la personne protégée dans un mandat de protection future. À défaut, le juge des tutelles doit nommer, de préférence, un proche du majeur et donc faire primer la famille. Le magistrat a aussi la possibilité de désigner une personne ou un service faisant partie de l'établissement de santé qui héberge la personne protégée, à l'exception, notamment, de son médecin ou d'un auxiliaire médical qui s'occupe du majeur.

Les missions du mandataire spécial

Le mandataire spécial est chargé d'accomplir un ou plusieurs actes déterminés rendus nécessaires par la gestion de la personne protégée. Sa mission doit être précisément définie. L'article 437 du Code civil prévoit expressément la possibilité de confier au mandataire spécial la mission d'accomplir un « acte de disposition ». Dans le vocable juridique, un acte de disposition est un acte important car il modifie le patrimoine d'une personne.

Le mandataire spécial peut accomplir un acte de disposition. Parmi les actes de disposition les plus courants, on peut citer la vente d'un bien immobilier, la résiliation d'un bail d'habitation, la souscription d'un emprunt, le retrait sur une assurance-vie, l'acceptation pure et simple d'une succession, ou encore le partage d'une succession. Avant la réforme du 5 mars 2007, le mandataire spécial ne jouissait pas d'une telle latitude. Pour qu'il puisse accomplir un acte de disposition, il fallait mettre en place une mesure de curatelle ou de tutelle. Dorénavant, la désignation d'un mandataire spécial peut permettre d'éviter l'ouverture de l'une ou l'autre de ces procédures, initiée dans le seul but de permettre l'accomplissement d'un acte de disposition. En outre, la désignation d'un mandataire spécial chargé de conclure l'acte dans de bonnes conditions évite le risque d'une remise en cause ultérieure d'un acte de disposition accompli par le majeur protégé lui-même.

+ Il sera, par exemple, possible d'autoriser le mandataire à vendre le logement du majeur protégé, ou à résilier son bail d'habitation, lorsque son état nécessite qu'il **entre d'urgence dans un établissement médicalisé ou en maison de retraite**.

Le mandataire peut assurer la protection de la personne vulnérable. L'article 438 du Code civil permet au juge des tutelles de confier au mandataire spécial « une mission de protection de la personne » dans le respect des articles 457-1 à 463 du Code civil (règles de protection minimale : obligation d'information de la personne protégée, respect des actes strictement personnels...). La mission spéciale du mandataire peut ainsi consister, par exemple, à autoriser une intervention chirurgicale ou un traitement médical au profit de la personne vulnérable. Bien entendu, cette option suppose que le majeur protégé ne soit pas capable de prendre lui-même une telle décision, en rai-

Le mandataire spécial doit rendre compte de sa mission

Le mandataire spécial est soumis aux mêmes obligations comptables qu'un tuteur (voir chapitre 7). Il doit établir chaque année un compte de gestion, le faire contrôler et, en fin de mandat, remettre ses comptes conformément aux articles 510 à 515 du Code civil *(art. 437 du Code civil).*

son, notamment, de son état mental. Rappelons que la sauvegarde de justice préserve la capacité juridique de la personne vulnérable. Enfin, le mandataire spécial peut également être chargé d'exercer une action en nullité, une action en « rescision pour lésion » ou en « réduction pour excès », concernant des actes ou des engagements contractés dans de mauvaises conditions par la personne protégée *(art. 437 du Code civil).*

Le majeur protégé ne peut pas faire un acte réservé au mandataire. L'article 435 du Code civil interdit formellement au majeur protégé de passer un acte pour lequel un mandataire spécial a été désigné par le juge des tutelles. Si l'intéressé ne respecte pas cette interdiction, l'acte est nul. À cet égard, la transgression de l'interdiction légale suffit pour faire annuler l'acte en question. Il n'est donc pas nécessaire d'établir, en outre, que le majeur vulnérable a subi un préjudice quelconque du fait de cette transgression.

La protection du majeur

La personne placée sous sauvegarde de justice conserve pratiquement intacte sa capacité juridique. Elle a, notamment, la possibilité de gérer son patrimoine et les actes qu'elle a accomplis ne sont soumis à aucun contrôle pré-alable. La loi considère cependant que le majeur protégé est, a priori, vulnérable. C'est pourquoi l'intéressé bénéficie d'une protection particulière contre les cocontractants malveillants. Cette protection vise à faciliter la remise en cause des actes passés par le majeur protégé pendant la période de sauvegarde de justice, lorsqu'ils lui sont défavorables.

> **+** Il est plus facile de **remettre en cause des actes passés par une personne sous sauvegarde de justice** que ceux passés par une personne non protégée qui souffrirait d'une altération de ses capacités.

L'annulation d'un acte pour trouble mental

L'article 414-1 du Code civil énonce que « Pour faire un acte valable, il faut être sain d'esprit ». Il est donc possible de demander en justice l'annulation d'un acte passé par le majeur protégé, en invoquant un trouble mental. Cette action en nullité pour insanité d'esprit n'est pas réservée aux majeurs protégés. Elle peut aussi jouer au bénéfice d'une personne ne faisant pas l'objet d'une mesure de protection particulière. À cet égard, le seul fait pour l'intéressé d'être placé sous sauvegarde de justice n'est pas suffisant pour que l'acte passé soit annulé. Il faut, en effet, prouver que la personne protégée n'était pas saine d'esprit lorsqu'elle a passé l'acte. Le trouble mental ne doit donc pas être postérieur à l'acte en question. Dans les faits, cependant, le placement sous sauvegarde de justice, conjugué à d'autres éléments de preuve, peut constituer pour le juge une présomption d'insanité. L'action peut être exercée par la personne concernée elle-même, par son mandataire spécial, ou encore par le tuteur ou le curateur nommé ultérieurement, si la sauvegarde de justice a fait place à une telle mesure de protection. L'action se prescrit au bout de cinq ans (c'est-à-dire qu'elle ne peut plus être exercée au-delà de ce délai). La loi ne précise pas clairement le point de départ de ce délai. La plupart des juristes estiment, avec la Cour de cassation, que le délai de cinq ans démarre à compter du jour où l'acte litigieux a été accompli.

Dans les faits, **la preuve du trouble mental** prévue par l'article 414-1 du Code civil s'avère souvent difficile à obtenir. C'est pourquoi la loi prévoit deux actions spécifiques au profit du majeur protégé : l'action en rescision pour lésion, et l'action en réduction en cas d'excès.

L'action en rescision pour lésion

L'action en rescision (autrement dit en annulation) pour lésion (c'est-à-dire pour préjudice subi) vise le cas où le majeur protégé a passé un acte à des conditions qui le désavantagent. Ce peut être le cas lorsque, par exemple, il a vendu un bien immobilier très au-dessous de sa valeur réelle. Retenez que la loi ne fixe aucun seuil au-delà duquel la lésion doit être sanctionnée. Autrement dit, le Code civil n'exige pas que la vente ait eu lieu à un prix inférieur, par exemple, aux deux tiers ou à la moitié du prix du marché. Il suffit qu'il y ait un déséquilibre entre les prestations de chaque partie, au détriment du majeur protégé. Le déséquilibre doit cependant avoir une certaine importance pour être pris en compte. En cas de litige, il revient au tribunal de déterminer si l'acte passé par le majeur protégé est, ou non, déséquilibré. Dans l'affirmative, la sanction est l'annulation de l'acte, qui est censé n'avoir jamais existé.

L'action en réduction en cas d'excès

L'action en réduction en cas d'excès vise le cas où l'acte passé par le majeur protégé ne présente aucun intérêt pour lui. Ou encore, celui où cet acte est dispendieux ou disproportionné par rapport à ses possibilités financières. La sanction n'est pas l'annulation de l'acte excessif, mais sa modification dans un sens plus favorable au majeur protégé. Par exemple, s'il a acheté un bien à un prix trop élevé par rapport à sa valeur sur le marché, le prix pourra être réduit par le tribunal, et la personne vulnérable devra être remboursée.

La preuve de la lésion ou de l'excès

Dans les deux types d'actions décrites, il n'est aucunement nécessaire d'établir que l'acte contesté a été passé sous l'emprise d'un trouble mental. Il faut seulement rapporter la preuve d'une lésion ou d'un excès, ce qui est, a priori, plus aisé.
L'article 435 du Code civil précise que le tribunal doit prendre en considération un certain nombre de critères : l'utilité ou l'inutilité de l'opération, l'importance ou la consistance du patrimoine de la personne protégée, ainsi que la bonne ou la mauvaise foi de ceux avec qui elle a contracté. Tout est donc une question de faits. Dans la pratique, cette incertitude est susceptible de dissuader toute personne qui entendrait tirer profit de la vulnérabilité du majeur protégé. Mais, attention, la loi précise que l'action en rescision ou en réduction ne peut porter que sur un acte passé pendant la durée de la sauvegarde de justice *(art. 435 du Code civil).* Elle ne peut donc concerner un acte qui a été passé antérieurement.

> **+** Pour contester un engagement antérieur, il est nécessaire de recourir à **l'action en annulation pour trouble mental**, décrite précédemment.

L'action en rescision ou en réduction doit être intentée dans le délai de cinq ans à partir du jour où le majeur a connaissance de l'acte. L'action ne peut être entreprise que par le majeur protégé ou par ses héritiers après sa mort *(art. 435 du Code civil).* Selon les circonstances, le juge des tutelles peut désigner un mandataire spécial qui sera chargé d'intenter l'action en rescision ou en réduction, à la place de la personne protégée *(art. 437 du Code civil).*

LA CURATELLE

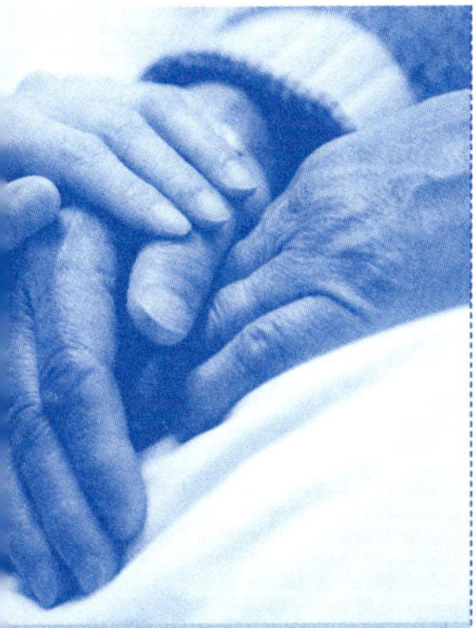

L'ouverture de la curatelle

Un de vos proches a peut-être des difficultés à gérer ses intérêts patrimoniaux. Peut-être même bénéficie-t-il déjà d'une mesure d'accompagnement administrative ou judiciaire pour la gestion de ses prestations sociales, ou bien d'une sauvegarde de justice (voir chapitres 3 et 5). Dans tous les cas, si vous constatez une dégradation de son état, vous pouvez envisager une mesure de protection plus soutenue, afin de lui permettre de bénéficier de toute l'assistance dont il a besoin pour les actes les plus importants de la vie civile. Si, néanmoins, vous pensez que la tutelle (qui ôte au majeur sa capacité juridique et instaure sa représentation continue dans tous les actes de sa vie civile, voir chapitre 7) est un régime trop lourd, alors la solution peut résider dans l'instauration d'une curatelle. La curatelle est une mesure judiciaire permettant à une personne d'être assistée ou contrôlée, pour l'accomplissement des actes les plus importants, par un curateur. Celui-ci est désigné par le juge des tutelles. La personne à protéger conserve tous ses droits. Elle pourra en exercer certains, seule, mais devra être assistée du curateur pour d'autres.
A compter du 1er janvier 2020, avec le remplacement des tribunaux de grande instance (TGI) et des tribunaux d'instance (TI) par les tribunaux judiciaires, la compétence des TI est attribuée à un nouveau magistrat, le juge des contentieux de la protection au sein des nouveaux tribunaux judiciaires. Ce juge exerce les fonctions de juge des tutelles et connaît ainsi des affaires relatives à la curatelle *(art. L213-4-1 et L213-4-2 du code de l'organisation judiciaire)*.

Les conditions à remplir

La mise sous curatelle est une décision grave qui entraîne des conséquences importantes, notamment la perte pour le majeur de sa capacité à exercer seul les actes les plus importants de sa vie civile. C'est la raison pour laquelle la loi exige que la mesure soit à la fois nécessaire, subsidiaire et proportionnée.

La mesure doit être nécessaire

Le Code civil prévoit qu'une curatelle ne peut être ouverte que dans certains cas bien précis.

Deux conditions doivent être réunies pour qu'une mise sous curatelle puisse être demandée. Tout d'abord, sans être hors d'état d'agir lui-même, la personne à protéger doit toutefois avoir besoin d'être « assisté ou contrôlé d'une manière continue dans les actes importants de la vie civile » *(art. 440 du Code civil).* D'autre part, le majeur doit être dans l'impossibilité de pourvoir seul à ses intérêts en raison d'une « altération (…) soit de ses facultés mentales, soit de ses facultés corporelles de nature à empêcher l'expression de sa volonté » *(art. 425 du Code civil).* Dans tous les cas, cette altération doit être « médicalement constatée ». Le certificat accompagnant la requête doit être circonstancié. Il doit ainsi décrire avec précision l'altération des facultés personnelles du majeur (en donnant au juge tout élément d'information sur l'évolution prévisible de cette altération) et préciser les conséquences de celle-ci sur la vie civile de l'intéressé *(art. 1219 du Code de procédure civile).* Cette obligation a pour objectif de s'assurer du sérieux des requêtes déposées et éviter d'ouvrir à la légère une mesure incapacitante. Sachez que le juge des tutelles ne peut pas ouvrir de mesure de protection en l'absence de certificat médical rédigé par un médecin choisi sur une liste établie par le procureur de la République. En cas de refus de la personne à protéger de se soumettre à l'examen médical, il ne pourra pas, en principe, y avoir d'ouverture d'une mesure de protection *(C. cass., civ. 1re, 29.6.2011, n° 10-21879).* Toutefois, certaines cours d'appel continuent, malgré cet arrêt, à admettre des placements sur la base de certificats médicaux de carence. Les causes médicales permettant d'ouvrir une curatelle, une tutelle ou une sauvegarde de justice sont les mêmes. Mais, en fonction du degré de gravité de l'altération de ses facultés, le majeur à protéger sera placé par le juge sous un régime plutôt qu'un autre : la sauvegarde de justice si l'altération nécessite une simple protection, une curatelle si elle commande une assistance, ou bien une tutelle si le majeur a besoin d'une représentation continue.

> **+** Le médecin agréé peut, dans le cadre **du certificat circonstancié** qu'il rédige, solliciter **l'avis du médecin traitant** de la personne qu'il y a lieu de protéger.

La curatelle pour prodigalité, intempérance et oisiveté a disparu. Jusqu'au 31 décembre 2008, une mise sous curatelle pouvait être demandée pour un proche qui avait un comportement « prodigue, intempérant ou oisif » qui l'exposait à « tomber dans le besoin » ou « compromettait l'exécution de ses obligations familiales ». La prodigalité se caractérisait par des dépenses excessives ou immorales. Quant à l'intempérance, elle se définissait comme l'incapacité du majeur à se fixer des limites, notamment en matière de consommation d'alcool ou de stupéfiants. L'oisiveté, enfin, était manifestée par un refus persistant de travailler. Depuis le 1er janvier 2009, il n'est plus possible d'ouvrir de curatelle sur le fondement de la prodigalité, l'intempérance ou l'oisiveté. Si l'un de vos proches connaît des difficultés sociales et financières sans souffrir d'altération de ses facultés mentales ou corporelles, vous devrez vous orienter plutôt vers les mesures sociales d'accompagnement : mesure administrative d'accompagnement social personnalisé (Masp) et mesure d'accompagnement judiciaire (Maj), voir chapitre 3.

La curatelle doit être subsidiaire

Le juge des tutelles qui reçoit une demande d'ouverture d'un régime de protection doit avant tout se demander si une autre mesure, plus légère, ne peut pas permettre de répondre au besoin de protection du majeur. C'est la règle dite de « subsidiarité » des régimes de protection *(art. 428 du Code civil)*. Depuis la loi du 23 mars 2019 de programmation 2018-2022 et de réforme pour la justice, le mandat de protec-

Pas de renouvellement sans certificat médical

Depuis le 1er janvier 2009, la procédure de renouvellement d'une mesure de protection nécessite, comme la procédure initiale, la production d'un certificat d'un médecin agréé. Ce certificat doit, le cas échéant, contenir expressément mention de la nécessité d'un placement pour une durée supérieure à cinq ans, sans quoi la mesure ne peut être considérée comme valablement renouvelée *(C. cass., civ. 1re, 10.10.2012, n° 11-14441 ; C. cass., civ. 1re, 13.5.2015, n° 14-14904)*. Le majeur doit obligatoirement être entendu par le juge des tutelles, à moins que le certificat médical n'indique que son audition est de nature à porter atteinte à sa santé ou qu'il n'est pas apte à exprimer sa volonté *(art. 432, al. 2 et art. 442 du Code civil)*.

tion future prime sur tout autre dispositif de représentation et doit être appliqué en priorité. Les autres mesures n'interviennent qu'à titre subsidiaire. Le juge des tutelles est ainsi tenu d'examiner si le mandat de protection future suffit à résoudre les difficultés rencontrées par le majeur (voir chapitre 2). Dans la négative, ou s'il n'en a pas établi, le magistrat regarde du côté des règles de droit commun de la représentation (mandat, procuration, voir chapitre 1), des règles relatives aux droits et devoirs respectifs entre époux et des règles des régimes matrimoniaux. Rappelons, en effet, qu'en pratique, grâce au « jeu » normal des règles communes à tous les régimes matrimoniaux, un grand nombre d'actes de la vie courante peuvent être passés par l'un des époux seulement, sans que l'autre ait à donner expressément son accord (voir chapitre 1). Par ailleurs, le juge des tutelles peut être saisi par un époux pour être autorisé à représenter, ponctuellement ou de manière générale, son conjoint dès lors que ce dernier est hors d'état de manifester sa volonté (voir chapitre 1). Le juge devra également s'assurer qu'une autre mesure de protection judiciaire ou sociale moins contraignante n'est pas préférable à la mise sous curatelle qu'on lui réclame. Par exemple, une simple mise sous sauvegarde de justice (voir chapitre 5).

La mesure doit être proportionnée

La mise sous curatelle est une mesure de protection du majeur lui-même. Par conséquent, il est important qu'elle soit proportionnée au but poursuivi. En fonction de la situation qui se présente à lui, le juge des tutelles peut donc décider de la limiter, à la fois dans son champ d'application et dans le temps.

Le juge peut limiter le champ de la curatelle. La curatelle est destinée à protéger aussi bien la personne elle-même que ses intérêts patrimoniaux. Mais le juge peut décider de circonscrire la mesure de curatelle à l'un de ces deux objectifs seulement en nommant un curateur à la personne et/ou un curateur aux biens *(art. 425 du Code civil)*. Par ailleurs, dans la curatelle, la marge d'autonomie de la personne protégée sera plus ou moins grande. Le juge des tutelles peut jouer sur cette marge de liberté en réduisant ou en augmentant, en les listant, les actes que le majeur ne peut pas faire seul. On parle alors respectivement de curatelle simple et de curatelle renforcée (voir p. 127).

La curatelle ne peut excéder cinq ans. Les mesures de curatelle doivent être prononcées pour un temps déterminé qui ne peut excéder cinq ans *(art. 441 du Code civil)*. À l'expiration du délai fixé par le juge, la mesure prend fin, sauf si elle est renouvelée par le juge pour la même durée (pour trois ans, par exemple, si la durée initiale était de trois ans). Toutefois, lorsque l'altération des facultés personnelles de l'intéressé n'apparaît manifestement pas susceptible de connaître une amélioration selon les données acquises de la science, le juge peut, par décision spécialement motivée et sur avis conforme d'un médecin agréé, renouveler la mesure pour une durée plus longue *(art. 442 du Code civil)*. La loi n° 2015-177 du 16 février 2015 est venue fixer une limite : la durée ne peut excéder vingt ans.

Malgré cette exception, le principe est un renouvellement pour une durée égale à celle initialement fixée. Ainsi, la personne protégée est assurée d'un réexamen régulier de sa mesure de protection afin de vérifier qu'elle est toujours nécessaire et bien adaptée à sa situation. Cette mesure de curatelle, même renouvelée, peut à tout moment être modifiée ou supprimée en cas d'évolution de la situation du majeur protégé.

> **+** Le nouveau délai butoir de vingt ans s'applique aux mesures en cours. Les juges ont dix ans pour **régulariser les mesures trop longues ou viagères**. Ainsi toute curatelle renouvelée après le 1er janvier 2009 pour une durée supérieure à dix ans doit être régularisée au plus tard le 17 février 2025. À défaut, elle sera caduque. Vigilance donc.

La procédure d'ouverture

Les règles d'ouverture d'une curatelle et d'une tutelle sont les mêmes. Si vous ne savez pas, entre la curatelle, la tutelle ou la sauvegarde de justice, quelle est la meilleure mesure pour protéger l'un de vos proches, sachez que vous n'êtes pas obligé de choisir entre ces trois régimes au stade de la requête. D'ailleurs, même si vous faites un choix, le juge n'est pas tenu de le suivre. Il peut ainsi trouver un régime de tutelle plus adapté à la situation alors que vous demandez l'ouverture d'un régime de curatelle, et vice versa. De même, depuis la loi justice du 23 mars 2019, à l'issue de l'instruction de la requête le juge peut décider d'une habilitation familiale (voir chapitre 4). Une passerelle a ainsi été créée entre les mesures de protection judiciaire (sauvegarde de justice, curatelle, tutelle) et l'habilitation familiale.

Qui peut formuler une requête ?

Depuis le 1er janvier 2009, le cercle des personnes habilitées à demander l'ouverture d'une mesure de protection a été élargi et le juge ne peut plus se saisir d'office. La demande d'ouverture de la curatelle peut être présentée au juge par les personnes suivantes *(art. 430 du Code civil)* : le majeur lui-même ; son conjoint, son partenaire de Pacs ou son concubin, à moins que la vie commune ait cessé entre eux ; un parent ou un allié ; une personne entretenant avec le majeur « des liens étroits et stables » ; la personne qui exerce à son égard une mesure de protection juridique, si le majeur est déjà sous sauvegarde de justice ou éventuellement sous tutelle. Les autres personnes (voisins, assistante sociale...) ne peuvent pas saisir le juge

Le coût du certificat médical

Le médecin spécialiste qui établit le certificat médical circonstancié n'est pas libre de ses honoraires *(art. R. 217-1 du Code de procédure pénale)*. Il doit facturer 160 € pour rédiger un tel certificat. S'il ne parvient pas à voir le majeur, il doit dresser un certificat de carence, il lui est alors versé une indemnité forfaitaire de 30 €. Lorsque le médecin a dû se déplacer chez la personne à protéger pour établir le certificat, il reçoit, en plus de ses honoraires et sur justificatifs, le remboursement de ses frais de déplacement.

Sachez que ces frais (honoraires et frais de déplacement) sont assimilés à des frais de justice. Ils ne bénéficient donc d'aucun remboursement de droit par la Sécurité sociale ou par l'Assurance-Maladie ou une complémentaire santé. Toutefois, si la personne protégée (ou sa famille) n'est pas en mesure de financer ce certificat médical, il peut être requis par le procureur de la République ou le juge des tutelles. C'est alors le Trésor public, au titre des frais de justice, qui en supportera le coût *(Rép. min., n° 65735, JOAN du 2.2.2010, p. 1178)*.

directement, elles doivent alerter le procureur de la République qui, s'il l'estime justifié, pourra saisir le juge.

La formulation de la requête

La demande d'ouverture d'une mesure de protection prend la forme d'une requête remise ou adressée au greffe du tribunal d'instance du lieu de résidence du majeur à protéger (voir notre modèle de lettre de demande de dossier p. 166). Un modèle de requête est disponible dans les greffes des tribunaux d'instance ou sur www.service-public.fr « Services en ligne et formulaires ». Il s'agit du Cerfa n° 15891*01 « requête en vue d'un protection juridique d'un majeur », une notice explicative accompagne le formulaire.

La requête doit comporter un certain nombre d'éléments, sous peine d'être déclarée irrecevable. Elle doit préciser l'identité de la personne à protéger, les faits qui justifient la protection, les noms des proches, et, s'il est connu, le nom du médecin traitant, avec, dans la mesure du possible, les éléments concernant la situation de famille, financière et patrimoniale de la personne *(art. 1218 et 1218-1 du Code de procédure civile)*. La requête doit également être accompagnée d'un certificat médical circonstancié constatant l'altération des facultés mentales, établi par un médecin inscrit sur une liste tenue par le procureur de la République *(art. 431 du Code civil)*. La liste des médecins agréés est disponible au greffe du tribunal. Notez que ce certificat est également requis lors d'un réexamen ou du renouvellement à échéance de la mesure de protection, si celle-ci est aggravée, par exemple lorsque, à la suite d'une curatelle, le juge prononce une tutelle *(art. 442, al. 4 du Code civil)*. C'est aussi le cas lors d'un réexamen ou du renouvellement à échéance de la mesure, si le juge fixe une durée supérieure à cinq ans. Le certificat médical doit expressément mentionner la nécessité de renouveler la mesure pour une durée excédant cinq ans *(C. cass., civ. 1re, 10.10.2012, n° 11-14441)*.

Le contenu du certificat est réglementé *(art. 1219 du Code de procédure civile)*. Il doit décrire avec précision l'altération des facultés du majeur, donner au juge tous les éléments d'information sur l'évolution prévisible de cette altération, préciser ses conséquences sur la nécessité d'une assistance (curatelle) ou d'une représentation du majeur (tutelle) dans les actes de la vie civile, concernant ses biens, sa personne et l'exercice de son droit de vote (dont il n'est pas systématiquement privé). Enfin, le certificat doit indiquer si l'audition du majeur par le juge est de nature à porter atteinte à sa santé ou s'il est hors d'état d'exprimer sa volonté, ce qui peut justifier que le juge ne l'entende pas avant de rendre sa décision. Celui-ci est alors simplement informé de l'existence de la procédure. Le médecin amené à établir le certificat médical peut solliciter l'avis du médecin traitant de la personne à protéger si besoin *(art. 431 du Code civil)*. Une fois établi, le certificat est remis par le médecin au requérant sous pli cacheté, à l'attention exclusive du procureur de la République ou du juge des tutelles, ceci pour préserver le secret médical.

> Comme **le certificat médical** est remis **sous pli fermé**, la personne qui dépose la demande d'ouverture d'une mesure de protection ne connaît pas son contenu. Toutefois, il pourra en prendre connaissance ultérieurement, directement ou via son avocat, puisqu'elle est autorisée à consulter le dossier au greffe du tribunal *(art. 1222 du CPC)*.

Le juge procède à une audition préalable

Le juge doit recevoir le majeur, qui peut être accompagné par un avocat ou, sous réserve de l'accord du juge, par toute autre personne de son choix. En simple qualité de proche, ou de parent, vous pourrez donc accompagner la personne vulnérable à son audition préalable par le juge *(art. 432 du Code civil)*. Pour la personne qui a demandé l'ouverture de la mesure, cette audition est de droit. L'audition peut avoir lieu au siège du tribunal, au lieu d'habitation du majeur, dans l'établissement de traitement ou tout autre lieu approprié *(art. 1220-1 du CPC)*. Toutefois, le juge pourra décider qu'il n'y a pas lieu de procéder à l'audition de l'intéressé, si cette formalité est de nature à porter atteinte à sa santé ou s'il est hors d'état d'exprimer sa volonté. Dès lors, le juge devra, d'une part, expliquer sa décision dans le détail (les ju-

> En pratique, **le juge se déplace** fréquemment avec son greffier **sur le lieu de vie de la personne à protéger** pour procéder à son audition. C'est une façon de s'adapter aux contraintes liées à l'état de santé de la personne mais aussi de se rendre compte de ses conditions de vie.

ristes parlent de décision spécialement motivée) et, d'autre part, il ne pourra le faire qu'après avis d'un médecin agréé, inscrit sur la liste du procureur de la République *(art. 432 du Code civil).* Le juge peut aussi, si cela lui semble utile ou si le requérant ou le ministère public le réclament, ordonner certaines mesures lui permettant de s'informer sur la situation du majeur. Il peut, notamment, faire procéder à une enquête sociale. Et il reçoit, autant que possible, les parents, alliés et amis de la personne à protéger, afin de les entendre *(art. 1220-4 du CPC).*

La décision du juge

Le dossier est transmis au procureur de la République un mois avant la date de l'audience. Le procureur le renvoie au greffe du

La consultation du dossier

Les moyens de défense de la personne protégée ont été renforcés. Elle peut choisir elle-même un avocat ou demander à la juridiction saisie que le bâtonnier lui en désigne un d'office (la désignation doit intervenir dans les huit jours de la demande). Elle est informée de ce droit dans l'acte de convocation. Si elle a décidé de se faire assister par un avocat, celui-ci peut désormais accéder au dossier à tout moment de la procédure (et non plus quinze jours avant l'audience). Seul bémol, l'avocat comme le majeur doivent adresser, au préalable, une demande écrite au greffe du tribunal pour organiser les plages horaires de consultation. L'avocat peut ainsi consulter les procès-verbaux d'audition et le certificat médical constatant l'altération des facultés mentales suffisamment tôt pour pouvoir demander des mesures d'instruction complémentaires ou une contre-expertise médicale. Il peut aussi obtenir une copie des pièces du dossier, mais sans pouvoir les communiquer à son client. La personne qui a saisi le juge des tutelles peut également consulter le dossier, contrairement aux proches du majeur, qui ne peuvent y accéder qu'avec l'autorisation du juge, en justifiant d'un intérêt légitime *(art. 1222 du CPC).*

tribunal d'instance avec son avis écrit, quinze jours avant l'audience *(art. 1225 du CPC)*. Notez que ces délais peuvent être réduits par le juge en cas d'urgence.

L'audience

À l'audience, le juge entend le requérant et le majeur, s'il l'estime opportun *(art. 1226 du CPC)*. Si les parties ont désigné un ou des avocats, ces derniers sont également entendus et formulent leurs observations.

Le prononcé du jugement

L'instruction et le jugement de l'affaire ont lieu en chambre du Conseil. Seuls sont présents les magistrats, les parties et leurs avocats, le cas échéant. Attention, le juge doit se prononcer sur la requête d'ouverture de la mesure de protection dans l'année où il en a été saisi *(art. 1227 du CPC)*. À défaut, celle-ci devient caduque. Une fois rendu, le jugement relatif à l'ouverture de la curatelle doit être notifié au requérant, à la personne chargée de la protection et à tous ceux dont elle modifie les droits ou les obligations. Il est également notifié à la personne protégée et avis en est donné au procureur de la République. Toutefois, le juge peut choisir par décision spécialement motivée que la personne protégée ne se verra pas notifier la décision si cette information est de nature à porter préjudice à sa santé *(art. 1230-1 du CPC)*. Dans ce cas, le jugement doit être notifié à son avocat si elle en a un, ainsi qu'à la personne que le juge estime la plus qualifiée pour recevoir cette notification (conjoint, ascendant, descendant, frère ou sœur…). La notification est faite par lettre recommandée avec accusé de réception. Le juge peut toutefois décider qu'elle sera faite par acte d'huissier de justice. Enfin, un extrait du jugement d'ouverture est transmis au greffe du TGI dans le ressort duquel est née la personne protégée, afin qu'il soit inscrit au répertoire civil (RC) et mentionné en marge de son acte de naissance.

> **+** Le jugement d'ouverture de la curatelle n'est opposable aux tiers que deux mois après que **mention en a été portée en marge de l'acte de naissance de la personne protégée** *(art. 444 du Code civil)*. Ainsi, il est prudent de demander une copie intégrale de l'acte de naissance pour s'assurer que la mesure de publicité a bien été respectée.

Les recours

La décision du juge des tutelles peut ne pas satisfaire l'intéressé lui-même ou ses proches. Soit qu'il prononce une mise sous curatelle à leur avis injustifiée, soit qu'il la refuse. Dans les deux cas, un recours est possible. Les recours sont jugés devant la cour d'appel. Ils doivent l'être dans les quinze jours qui suivent la décision (ou sa notification). Si le juge a refusé d'ouvrir la curatelle, seul celui qui a déposé la requête pourra introduire un recours contre la décision. Si le magistrat a mis le majeur sous curatelle, toute personne qui était susceptible de demander la mesure de protection peut agir (c'est-à-dire : le majeur lui-même, son conjoint, son partenaire de Pacs ou son concubin, un parent ou un allié, une personne entretenant avec le majeur des liens étroits et stables...), même si elle n'est pas intervenue à l'instance. Le recours s'exerce par une requête écrite et signée par le demandeur ou son avocat (ses services sont facultatifs), puis remise ou adressée par lettre recommandée avec avis de réception au greffe du TGI. Une fois l'appel enregistré par le greffe, celui-ci transmet sans délai copie du dossier à la cour d'appel.

Le fonctionnement de la curatelle

Sous curatelle, le majeur est assisté par un curateur désigné par le juge qui l'aide à accomplir les actes mettant en jeu son patrimoine.

La nomination du curateur

Le curateur est désigné par le juge des tutelles par ordonnance ou au terme du jugement prononçant la mesure. Dès lors que vous êtes un proche du majeur à protéger (de sa famille ou non), et si vous êtes d'accord, vous pouvez être nommé curateur. La loi privilégie, en effet, la solution du cercle familial et du cercle d'amis par rapport à celle des curateurs professionnels.

Qui peut être nommé curateur ?

La loi établit une hiérarchie entre les personnes susceptibles d'être nommées curateur.

Une personne de la famille ou un proche. En priorité, le juge des tutelles doit nommer curateur la personne désignée par le majeur à protéger (ou ses parents s'ils en ont la charge), à moins que la personne désignée refuse la mission ou soit dans l'impossibilité de l'exercer. Bien sûr, si ce choix est objectivement contraire à l'intérêt de la personne à protéger, le juge peut toujours décider de nommer quelqu'un d'autre *(art. 448 du Code civil)*. En l'absence de personne désignée, le juge doit préférer nommer curateur le conjoint de la personne protégée, son partenaire de Pacs ou son concubin, s'ils vivent ensemble. Là encore, si le magistrat estime que, pour une raison ou une autre, la mesure ne doit pas lui être confiée, il est toujours libre de nommer quelqu'un d'autre. Pour illustration, des juges, après avoir constaté des dissensions familiales entre l'épouse de la personne vulnérable et ses beaux-enfants, ont à juste titre décidé que la curatelle serait exercée par une personne extérieure à la famille *(C. cass., civ. 1re, 14.4.2010, n° 08-21560)*. Si le conjoint, le concubin ou le partenaire de Pacs ne peut pas assumer cette mission, le juge désigne un parent, un allié ou une personne résidant avec le majeur à protéger ou entretenant avec lui des liens étroits et stables. Dans ce dernier cas, ce peut être par exemple un ami de longue date ne résidant pas avec la personne à protéger. Dans tous les cas, le juge prend en considération les sentiments exprimés par le majeur, ses relations habituelles avec la personne pressentie pour être curateur, l'intérêt porté à son égard et les recommandations éventuelles de ses parents et alliés, ainsi que de son entourage *(art. 449 du Code civil).*

Un curateur professionnel. Si aucun membre de la famille ni aucun proche ou allié ne peut ou ne souhaite prendre la charge de curateur, le juge peut désigner un mandataire judiciaire, c'est-à-dire un curateur professionnel. Le curateur peut aussi être une personne ou un service de l'établissement social ou médical dans lequel réside le majeur. Mais c'est à la condition qu'il soit inscrit sur la liste des mandataires judiciaires, disponible en préfecture ou au tribunal d'instance.

Une pluralité de curateurs. Le juge peut, en considération de la situation de la personne protégée, des aptitudes des curateurs et de la consistance du patrimoine à administrer, nommer plusieurs curateurs pour exercer en commun la mesure de protection *(art. 447 du Code civil).* Il peut ainsi désigner un curateur chargé de la protection de la personne et un curateur affecté à la gestion patrimoniale. Le juge peut également nommer un adjoint au curateur, que l'on appelle « subrogé curateur », chargé de contrôler les actes du curateur et d'alerter le juge en cas d'irrégularités *(art. 454 du Code civil).* Ce peut être un membre de la famille ou un professionnel.

> **+** S'il s'agit d'un membre de la famille, le juge doit s'efforcer de **choisir le subrogé** dans l'autre branche de la famille que celle dont est issu le curateur.

En l'absence de subrogé curateur, il est possible de nommer un curateur ad hoc lorsque les intérêts du curateur sont ponctuellement en opposition avec ceux de la personne protégée (par exemple, en matière de divorce lorsque l'époux est curateur).

La mission du curateur

Si vous acceptez d'être le curateur d'un proche, vous aurez pour mission de l'assister et de contrôler ses décisions pour les actes les plus importants de la vie civile (voir p. 126). Vous devrez aussi l'informer sur sa situation personnelle, sur les actes qu'il ne pourra pas passer sans votre assistance, sur leur utilité, leur degré d'urgence, leurs effets. Il faudra aussi lui expliquer quelles seraient les conséquences s'il refusait d'être assisté *(art. 457-1 du Code civil).* Cette obligation légale est cependant très relative : votre relation avec le majeur protégé dépendra surtout de la compréhension qu'il a de sa propre situation.

La rémunération du curateur non professionnel

En principe, un proche qui devient curateur exerce sa mission gratuitement. Toutefois, le juge des tutelles peut autoriser, selon l'importance des biens gérés ou la difficulté d'exercer la curatelle, le versement d'une indemnité au curateur bénévole, dont il fixe le montant. Cette indemnité est à la charge du majeur protégé *(art. 419 du Code civil).*

La rémunération du curateur professionnel

Si la curatelle est exercée par un mandataire judiciaire, c'est-à-dire par un professionnel, celui-ci doit percevoir une rémunération. La rémunération des curateurs professionnels (mandataires judicaires à la protection des majeurs, MJPM) est fixée par les pouvoirs publics. Le majeur protégé participe financièrement au coût de la mesure en fonction de ses ressources *(art. R. 471-5-3 du Code de l'action sociale et des familles).* Lorsque le financement de la mesure ne peut être intégralement assuré par la personne protégée, il est pris en charge par la collectivité publique. À titre exceptionnel, le juge des tutelles peut aussi allouer au mandataire judiciaire une indemnité complémentaire pour l'accomplissement de démarches particulièrement longues ou complexes (règlement d'une succession, gestion de conflits familiaux, par exemple). Le montant de l'indemnité est fixé, en 2019, à 120,36 € de l'heure pour les 14 premières heures et à 150,45 € de l'heure à partir de la 15e heure *(art. D. 471-6 du Code de l'action sociale et des familles).*

Le calcul de la participation du majeur protégé. Depuis le 1er septembre 2018, les personnes protégées doivent davantage participer au coût de leur protection juridique (ceci pour compenser une baisse de l'engagement de l'Etat). En effet, le décret du 31 août 2018 a modifié le financement des mandataires judiciaires à la protection des majeurs. Désormais, la participation des majeurs protégés aux frais de la mesure de protection est calculée sur la base de leurs ressources annuelles perçues l'année précédente (et non plus l'avant-dernière année). Ainsi en 2019, les ressources prises en considération sont celles de l'année 2018. De même, le barème de calcul appliqué est fixé en fonction de la valeur de l'allocation aux adultes handicapés (AAH) en vigueur au 1er janvier de l'année précédente *(art. R. 471-5-3 du Code de l'action sociale et des familles)*. En 2019, le majeur est exempté de participation si ses ressources annuelles sont inférieures ou égales au montant de l'allocation aux adultes handicapés (AAH), soit 9730,68 € (810,89 € par mois). S'il n'est pas exempté, sa participation prend la forme d'un prélèvement mensuel. Le nouveau barème applicable depuis le 1er septembre 2018 (voir tableau ci-dessous) prévoit une participation dès le 1er euro perçu. Auparavant la tranche de revenu allant jusqu'au montant de l'AAH ne faisait l'objet d'aucun prélèvement. En d'autres termes, le montant des frais était calculé sur la part excédant l'AAH. Désormais elle est soumise au taux de prélèvement de 0,6 %. Quant aux taux des autres tranches, ils ont été revus à la hausse. Un ajustement est ensuite opéré avant le 31 janvier de l'année suivante pour tenir compte des ressources réellement perçues l'année précédente *(art. R. 471-5-5 du Code de l'action sociale et des familles)*.

Montant du prélèvement sur les ressources du majeur protégé (barème applicable en 2019 calculé sur les ressources 2018)

Tranche des revenus annuels du majeur protégé	Taux du prélèvement	Prélèvement maximal annuel sur la tranche concernée
De 0 € à 9 730,68 €	0,6 %	58,38 €
De 9 730,68 à 17 981,64 €	8,5 %	701,33 €
De 17 981,64 € à 44 954,10 €	20 %	5 394,49 €
De 44 954,10 € à 107 889,84 €	3 %	1 888,07 €
Au-delà de 107 889,84 €	0 %	0 €

Les ressources retenues pour le calcul. Les ressources retenues pour calculer la participation financière du majeur ont été élargies par décrets n° 2011-710 du 21 juin 2011 et n° 2015-1709 du 21 décembre 2015 *(art. R. 471-5 du Code de l'action sociale et des familles)*. Il s'agit :

- des revenus bruts avant abattements fiscaux et déduction des charges pris en compte pour le calcul de l'impôt sur le revenu : sa-

EXEMPLE
Le majeur protégé a un revenu annuel de 50 000 €.
Sa participation s'élève à :
- (50 000 – 44 954,64) x 3 %, soit 151,36 € pour la tranche allant de 44 954,64 à 107 889,84 € ;
- 5 394,49 € pour la tranche allant de 17 981,64 à 44 954,10 € ;
- 701,33 € pour la tranche allant de 9 730,68 € à 17 981,64 € ;
- 58,38 € pour la tranche inférieure à 9 730,68 €.Soit au total une participation de 6 305,56 € (151,36 + 5 394,49 + 701,33 + 58,38).

laires, pensions de retraite, rentes viagères (sauf exceptions, voir ci-dessous), revenus fonciers, revenus de placements financiers (dividendes d'actions, intérêts des livrets d'épargne fiscalisés), plus-values mobilières et immobilières…

- des intérêts des comptes et livrets d'épargne défiscalisés. Sont concernés les livrets A, les livrets jeune, les livrets d'épargne populaire, les livrets de développement durable, les comptes et plans d'épargne-logement, les PEA…
- des revenus perçus hors de France ou versés par une organisation internationale ;
- des allocations : l'allocation aux adultes handicapés (AAH), le complément de ressources et la majoration pour la vie autonome, l'allocation de solidarité aux personnes âgées, l'allocation aux vieux travailleurs salariés (AVTS) et non-salariés, le revenu de solidarité active (RSA) ;
- de la prime d'activité (qui a remplacé le RSA activité et la prime pour l'emploi) ;
- un revenu fictif est calculé sur la valeur des biens ne procurant pas de revenus. Il est fixé à 50 % de la valeur locative cadastrale des immeubles bâtis (indiquée sur la taxe foncière), à 80 % de celle des terrains non bâtis, à 3 % du montant des capitaux (y compris ceux placés sur un contrat d'assurance-vie).

Sont exclues du calcul :

- les rentes viagères constituées par le majeur lui-même ou ses proches pour se prémunir contre les risques de perte d'autonomie (contrat d'épargne-handicap, rente-survie) ;

- la valeur de la résidence principale qui n'est présumée procurer aucun revenu fictif lorsqu'elle est occupée par l'intéressé, son conjoint, son concubin, son partenaire de Pacs ou ses enfants.

Les droits du majeur protégé

La réforme du 5 mars 2007 a recadré la protection sur la personne elle-même, sans pour autant porter atteinte à la nécessaire protection de son patrimoine. Ainsi, quel que soit le régime de protection mis en place, le majeur vulnérable a un droit à l'intimité (droit au logement) et à l'autonomie (droit à un compte bancaire propre). Enfin, le majeur sous curatelle conserve le droit d'effectuer de nombreux actes de la vie courante. Il garde sa « capacité de jouissance » (il a des droits), mais il perd pour partie sa « capacité d'exercice » (il ne peut pas tous les exercer seul). Lorsque la mesure est exercée par un mandataire judicaire (un professionnel), afin de garantir l'exercice des droits et libertés de la personne protégée et de prévenir tout risque de maltraitance, celui-ci est tenu de remettre personnellement au majeur protégé (ou à l'un de ses proches si son état ne lui permet pas d'en mesurer la portée, voir chapitre 7) une notice d'information à laquelle est annexée une charte des droits de la personne à protéger. Depuis la loi n° 2015-1776 du 28 décembre 2015, le mandataire judiciaire doit également lui remettre un document individuel de protection des majeurs (DIPM). Ce dernier définit les objectifs et la nature de la mesure de protection. Il détaille la liste et la nature des prestations offertes, ainsi que le montant prévisionnel des prélèvements opérés sur ses ressources *(art. L. 471-6 de Code de l'action sociale et des familles)*.

Le droit au logement

Pour une personne vulnérable, le cadre de vie constitue souvent l'ultime repère. Il n'est pas rare d'observer un déclin des facultés du majeur protégé à la suite de son déplacement, par exemple dans une maison spécialisée. C'est pour cette raison que la loi impose que le logement de la personne protégée, sa résidence principale ou secondaire, ainsi que ses meubles soient conservés à sa disposition aussi longtemps que possible *(art. 426 du Code civil)*. En tout état de cause, la loi précise que la personne protégée choisit le lieu de sa résidence et a le droit de recevoir des visites, ou d'être hébergée par la personne de son choix, parent ou non. En cas de désaccord, le juge des tutelles tranche *(art. 459-2 du Code civil).* Si le curateur estime que le majeur protégé serait mieux dans un établissement spécialisé, il doit requérir, au préalable, l'avis d'un médecin. Depuis la loi n° 2015-177 du 16 février 2015, il n'est toutefois plus nécessaire de solliciter un médecin agréé inscrit sur la liste établie par le procureur de la République. Désormais, l'avis médical de tout médecin suffit (hors ceux exerçant dans l'établissement d'hébergement). La loi précise que les souvenirs, les objets personnels, tous ceux qui sont indispensables, si la personne est handicapée, par exemple, ou ceux destinés aux soins du majeur, doivent être gardés à sa disposition, le cas échéant, par l'établissement qui l'héberge.

+ S'il est nécessaire, dans l'intérêt du majeur protégé, de vendre son logement (ou ses meubles), de le louer, ou bien de résilier son bail, **le curateur doit demander l'autorisation du juge**.

L'accès au dossier médical a été élargi

Depuis la loi n° 2002-303 du 4 mars 2002, tous les patients ont un droit d'accès à leur dossier médical, c'est-à-dire aux informations concernant leur santé détenues par des professionnels et établissements de santé (résultats d'examens, comptes-rendus de consultation, d'intervention, d'exploration ou d'hospitalisation, etc.). En pratique, les patients y accèdent directement ou par l'intermédiaire d'un médecin au plus tard dans les huit jours suivant leur demande (ou deux mois si les informations médicales datent de plus de cinq ans). La loi n° 2016-41 du 26 janvier 2016 a complété le dispositif en créant une nouvelle possibilité d'accès. Désormais, la personne chargée de l'exercice de la mesure de protection a accès à ces informations lorsqu'elle est habilitée à représenter ou assister la personne protégée lorsque son état ne lui permet pas de prendre seule une décision personnelle éclairée.

Le droit à un compte bancaire personnel

Depuis le 1er janvier 2009, le majeur protégé bénéficie d'un droit au compte bancaire. Ce faisant, la loi proscrit la pratique des comptes pivot, parfois source d'abus par le passé. Celle-ci consistait, pour certaines associations chargées de tutelle, à gérer les dépenses et les recettes du majeur depuis un compte unique au nom de l'association. Outre les risques de confusion entre les patrimoines des uns et des autres, cette situation pouvait conduire à certaines dérives. Parfois, en effet, l'association plaçait l'excédent du compte pivot sur un compte rémunéré, créant des profits grâce aux ressources des majeurs protégés sans qu'ils en bénéficient. Aujourd'hui, le chargé de curatelle ne peut plus ni modifier ni clôturer des comptes ou livrets déjà ouverts au nom de la personne protégée. Par ailleurs, si celle-ci n'est titulaire d'aucun compte ou livret, son curateur doit lui en ouvrir un (pour les curatelles déjà ouvertes). Le juge peut exiger que ce compte soit ouvert auprès de la Caisse des dépôts et consignations. Les opérations bancaires d'encaissement, de paiement et de gestion patrimoniale effectuées au nom et pour le compte de la personne protégée doivent être réalisées au seul moyen des comptes ouverts à son nom. Et les produits et les plus-values générés par les fonds et les valeurs appartenant au majeur protégé lui reviennent exclusivement *(art. 427 du Code civil)*. Notez que le juge des tutelles peut autoriser le curateur à ouvrir un autre compte si l'intérêt de la personne protégée le commande. Il appartient au curateur de faire la demande d'ouverture de ce compte et de justifier d'un intérêt légitime.

> + Si le majeur mis sous curatelle a fait l'objet d'une **interdiction bancaire**, son curateur peut, avec l'autorisation du juge, faire fonctionner sous sa signature les comptes dont il est titulaire, et disposer de tous les moyens de paiement habituels.

Une nouveauté : la loi du 23 mars 2019 a supprimé certaines autorisations judiciaires préalables qui pouvaient retarder un acte nécessaire. Ainsi, l'ouverture et la modification des comptes bancaires au nom du majeur protégé dans sa banque habituelle et les clôtures de comptes ouverts pendant la mesure peuvent désormais se faire librement par le curateur. Une autorisation du juge des tutelles ou du conseil de famille s'il a été constitué reste requise pour la clôture des comptes ou livrets ouverts avant le prononcé de la mesure ou l'ouverture d'un autre compte ou livret auprès d'un nouvel établissement *(art. 427 du Code civil).*

La souscription et la gestion du contrat d'assurance-vie requièrent l'assistance du curateur. La souscription d'un contrat d'assurance-vie, la désignation ou la modification de son bénéficiaire, le versement de primes, les avances et les retraits opérés sur le contrat sont possibles avec l'assistance du curateur *(art. L. 132-4-1 du Code des assurances).* Ainsi, même si le changement de bénéficiaire est effectué par la personne protégée dans un testament authentique (testament qui peut être fait par la personne sous curatelle sans l'assistance de son curateur, *art. 470 du Code civil*), ce n'est qu'avec l'assistance du curateur qu'elle peut procéder à la substitution du bénéficiaire d'un contrat d'assurance vie *(C. cass., civ. 2e, 8.06.2017, n° 15-12544).*

Par contre, la renonciation au contrat constitue un acte d'adminis-

La valeur des actes passés par le majeur peu avant la curatelle

Les actes passés par le majeur peu de temps avant l'ouverture de la curatelle sont-ils valables, alors même qu'ils se situent dans une période « suspecte » quant aux facultés mentales du majeur ? La loi considère qu'ils sont valables, mais fragiles. L'article 464 du Code civil reconnaît, en effet, que les actes passés moins de deux ans avant le jugement d'ouverture d'une curatelle peuvent être très facilement attaqués en « réduction » (voir chapitre 5). Ici, il n'est pas question pour le juge d'annuler l'acte, mais de le rééquilibrer. Par exemple, si le majeur a payé plus qu'il ne devait lors d'un achat. Le majeur sous curatelle devra seulement prouver que son inaptitude à défendre ses intérêts était notoire ou connue du cocontractant, à l'époque où les actes ont eu lieu. Le délai instauré par la loi pour agir est large : l'action doit être introduite dans les cinq ans de la date du jugement d'ouverture de la mesure. Bien sûr, il est toujours possible de demander la nullité de l'acte, mais il faut prouver l'existence d'un préjudice.

Les pouvoirs du majeur sous curatelle

QUI PEUT AGIR ?	POUR QUELS TYPES D'ACTES ?
Le majeur seul	**> prendre les décisions relatives à sa propre personne si son état le permet *(art. 459 du Code civil)* ; > rédiger un testament *(art. 470)* ; > déclarer la naissance d'un enfant, le reconnaître, accomplir les actes de l'autorité parentale, choisir ou changer le nom d'un enfant et consentir à sa propre adoption ou à celle de son enfant *(art. 458)* ; > faire la déclaration conjointe du Pacs au tribunal d'instance ou devant le notaire, rompre conjointement ou unilatéralement un Pacs *(art. 461)* ; > les autres actes d'administration définis p. 149 ; > se marier en ayant préalablement informé le curateur du projet *(art. 460)*.**
Le majeur avec l'assistance du curateur *	**En principe, les actes les plus importants de la vie civile : > accomplir tout acte qui, en cas de tutelle, requerrait une autorisation du juge ou du conseil de famille *(art. 467)*. Sont visés : les actes de disposition (voir p. 149) *(art. 505)* ; la signature d'une transaction ou d'un compromis *(art. 506)* ; l'acceptation pure et simple (sauf si l'actif dépasse manifestement le passif) ou la renonciation à une succession *(art. 507-1)* ; > signer et modifier une convention de Pacs ; > signifier la rupture d'un Pacs et liquider les droits et obligations qui en résultent *(art. 461)* ; > prendre tout ou partie des décisions relatives à sa personne, si son état ne lui permet pas de les prendre seul y compris pour les actes ayant pour effet de porter gravement atteinte à son intégrité corporelle *(art. 459)* ; > faire emploi de ses capitaux *(art. 468)* ; > agir en justice *(art. 468)* ; > consentir une donation *(art. 470)*.**
Le curateur seul	**> accomplir toute mesure de protection nécessaire pour mettre fin au danger que, du fait de son comportement, le majeur fait courir envers lui-même ; le curateur doit en informer le juge *(art. 459)*. Si la curatelle est renforcée (*art. 472*, voir p. 127) : > percevoir les revenus du majeur sur un compte ouvert au nom de ce dernier ; > régler les dépenses auprès des tiers.**
Le curateur avec l'autorisation du juge	**> sauf urgence, prendre toute décision susceptible de porter gravement atteinte à l'intimité de sa vie privée *(art. 459)*. Si la curatelle est renforcée (voir p. 127) : > conclure un bail d'habitation ou une convention d'hébergement *(art. 472)*.**

* Si le curateur refuse son assistance pour un acte pour lequel son concours est requis, la personne sous curatelle peut demander au juge l'autorisation de l'accomplir seule.

tration que le majeur peut accomplir seul sans l'assistance de son curateur *(C. cass., civ. 1re, 18.5.2011, n° 10-23114).*

Le majeur conserve le droit de passer de nombreux actes

De manière générale, la personne sous curatelle ne peut, sans l'assistance du curateur, faire un acte qui, « en cas de tutelle, requerrait une autorisation du juge ou du conseil de famille » *(art. 467 du Code civil).* Sont ainsi visés tous les actes de disposition (voir tableau p. 149). En pratique, pour passer un acte écrit, le majeur sous curatelle verra la signature de son curateur accolée à la sienne. Il est donc assisté de son curateur dans les actes les plus importants de la vie civile. Les juges ont, par exemple, rappelé qu'une personne sous curatelle ne peut pas introduire d'action en justice ou y défendre sans l'assistance de son curateur *(C. cass., civ. 1re, 4.7.2012, n° 11-18475).* Le majeur protégé conserve le droit de passer seul les actes conservatoires et d'administration (voir tableau p. 149). Il peut prendre seul « les décisions relatives à sa personne dans la mesure où son état le permet » *(art. 459 du Code civil).* S'il n'est pas en état de décider seul, le juge peut prévoir qu'il bénéficiera, pour tout ou partie des actes relatifs à sa personne, de l'assistance du curateur. Le majeur sous curatelle peut aussi accomplir seul certains actes « strictement personnels », que la loi énumère (voir tableau ci-contre). Nouveau, pour se marier, le majeur placé sous curatelle n'a plus à obtenir l'accord du curateur. Depuis la loi du 23 mars 2019, la personne chargée de la protection est simplement informée préalablement du projet de mariage de la personne protégée *(art. 460 du Code civil).* Les futurs époux doivent justifier de cette information auprès de l'officier d'état civil à la mairie, sans quoi la célébration du mariage ne pourra avoir lieu *(art. 63 du Code civil).*

La curatelle renforcée

Le juge peut décider d'accorder des pouvoirs élargis au curateur et ordonner une curatelle renforcée *(art. 472 du Code civil).* Dans ce cas, le curateur perçoit seul les revenus de la personne en curatelle, assure lui-même le règlement des dépenses et verse l'excédent, s'il y a lieu, sur

le compte bancaire de la personne protégée. Les juges ont ainsi placé sous curatelle renforcée une femme qui vivait dans une situation alarmante du point de vue psychologique et matériel et dont il était établi que les dépenses ne correspondaient pas à ses besoins réels *(C. cass., civ. 1re, 12.9.2012, n° 11-20175)*. Le curateur renforcé est soumis à la même obligation que les tuteurs : procéder à un inventaire des biens et l'actualiser, tenir un compte de sa gestion. Ce dernier est, depuis la loi du 23 mars 2019, vérifié et approuvé annuellement par le subrogé curateur lorsqu'il en a été nommé un. Si plusieurs personnes ont été désignées pour exercer la mesure de protection, elles sont responsables de la vérification des comptes et peuvent saisir le juge en cas de difficultés. Il n'est plus demandé au curateur de remettre chaque année au greffe du tribunal le compte de gestion, accompagné des pièces justificatives en vue de sa vérification. Toutefois, dès réception de l'inventaire et du budget prévisionnel, le juge peut désigner un tiers professionnel chargé de la vérification et de l'approbation des comptes lorsque l'importance et la composition du patrimoine de la personne protégée le justifient *(art. 512 du Code civil)*.
Notez qu'entre la curatelle simple et la curatelle renforcée, le juge des tutelles peut mettre en place une curatelle aménagée si la situation particulière du majeur le justifie. Dans ce cas, il doit préciser les actes que le majeur peut continuer à effectuer seul et ceux pour lesquels il devra demander l'assistance du curateur *(art. 471 du Code civil)*.

Le terme de la curatelle

La curatelle peut cesser dans quatre cas : suite à un jugement de mainlevée, parce qu'elle arrive à son terme, en cas « d'éloignement géographique », et en cas de décès du majeur protégé de la personne vulnérable *(art. 443 du Code civil).*

Le jugement de mainlevée

Pour demander au juge des tutelles la mainlevée, c'est-à-dire l'arrêt de la mesure de curatelle, plusieurs conditions doivent être remplies. Il faut, tout d'abord, faire partie des personnes habilitées à demander une curatelle (voir p. 110). Il faut, ensuite, que la cause qui a déterminé la mesure de protection ait cessé. Hormis l'hypothèse de l'éloignement géographique « le juge des tutelles ne peut donner mainlevée d'une mesure de protection juridique des majeurs que s'il constate que les causes ayant justifié son ouverture ont disparu » *(avis de la Cour de cassation du 13.4.2015, n° 15004).* L'auteur de la demande de mainlevée devra ainsi expliquer en quoi l'état de la personne protégée s'est amélioré, et, surtout, pourquoi la curatelle n'est plus justifiée. Il devra joindre à sa demande un certificat médical qui attestera de l'évolution positive des facultés mentales ou corporelles du majeur protégé. Il faut, en outre, que la personne protégée soit entendue par le juge, si toutefois cela est possible. Elle pourra être accompagnée d'un avocat. Enfin, le juge devra recueillir l'avis du curateur, si ce n'est pas lui qui a fait la demande de mainlevée.

+ La décision peut intervenir au moment de la **révision** de la mesure mais également **à tout moment.**

La mainlevée prend la forme d'un jugement qui sera transmis au répertoire civil afin que la mention de l'existence d'une mesure de protection soit immédiatement supprimée.

L'arrivée du terme

L'arrivée du terme de la curatelle est une cause d'extinction.
Toutes les curatelles ouvertes depuis le 1er janvier 2009 prennent

fin à l'expiration du délai fixé initialement par le juge des tutelles. À l'arrivée de ce terme, si aucune autre mesure de protection n'est prononcée par le juge ou si la mesure n'est pas renouvelée, la personne vulnérable retrouve automatiquement sa pleine capacité juridique *(art. 443, al. 1er du Code civil)*. Rappelons que la curatelle ne peut durer plus de cinq ans. Elle est renouvelable pour la même durée (et exceptionnellement pour une durée plus longue, n'excédant pas vingt ans). Afin que les tiers soient informés du retour du majeur à sa pleine capacité, le Code de procédure civile *(art. 1233)* prévoit que le greffe du tribunal d'instance, saisi par tout intéressé, en avise le greffe du TGI (dans le ressort duquel est né le majeur protégé) qui fait modifier le répertoire civil et le fait apparaître en marge de son acte de naissance.

L'éloignement géographique

Lorsque la personne protégée réside hors du territoire national, et que cet éloignement empêche le suivi et le contrôle de la curatelle, le juge des tutelles peut faire cesser la mesure *(art. 443, al. 2 du Code civil)*. Cela concerne surtout les curateurs professionnels empêchés de mener leur mission, faute de pouvoir joindre le majeur protégé.

Le décès de la personne protégée

Le décès du majeur sous curatelle met fin à la mesure. Cela peut paraître une évidence mais, en pratique, ce n'était pas toujours le cas. Il arrive, en effet, qu'au décès de la personne protégée, le curateur organise ses obsèques et clôture ses comptes en banque à la place des héritiers. Depuis le 1er janvier 2009, s'il agit ainsi, l'ex-curateur est considéré comme faisant de la gestion d'affaires, avec ses conséquences (il ne sera pas rémunéré…, voir chapitre 1).

CHAPITRE 7

LA TUTELLE

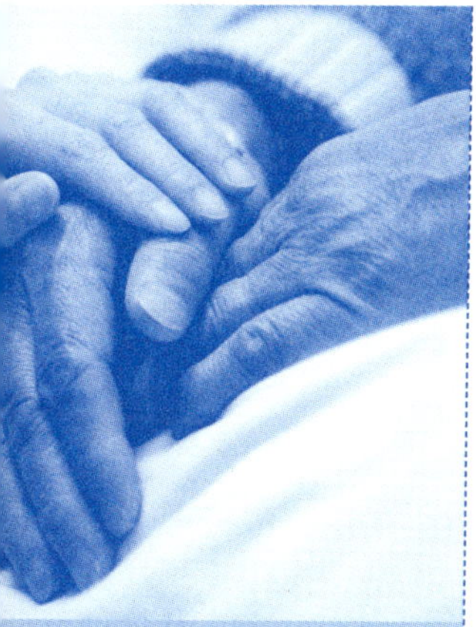

L'ouverture de la tutelle

Un de vos proches voit son handicap s'aggraver, son état de santé décliner ou bien avance dans le grand âge au point qu'il n'est plus en mesure de gérer seul des actes simples de la vie courante. Il est peut-être temps, alors, d'envisager une mesure qui lui permette d'être représenté en permanence par un tuteur. Ce dernier est en principe choisi parmi les proches de la personne à protéger, par le juge des tutelles ou par le conseil de famille. Dans tous les cas, la personne placée sous tutelle perd sa capacité juridique (voir ci-dessous). Cela signifie que, hormis pour quelques actes de la vie courante ou ceux qui auront été spécifiquement énumérés par le juge des tutelles, elle ne pourra plus agir seule et devra être représentée en permanence. À compter du 1er janvier 2020, avec le remplacement des tribunaux de grande instance (TGI) et des tribunaux d'instance (TI) par les tribunaux judiciaires, la compétence des TI est attribuée à un nouveau magistrat, le juge des contentieux de la protection au sein des nouveaux tribunaux judiciaires. Ce juge exerce les fonctions de juge des tutelles et connaît ainsi des affaires relatives à la tutelle *(art. L213-4-1 et L213-4-2 du code de l'organisation judiciaire)*.

Les conditions à remplir

Depuis le 1er janvier 2009, il existe un régime unique de tutelle, et les règles d'organisation de la curatelle et de la tutelle sont communes (voir chapitre 6), même s'il subsiste quelques règles spécifiques à la tutelle. La mise sous tutelle est une décision qui entraîne des conséquences graves, notamment la perte pour le majeur de sa capacité juridique. C'est la raison pour laquelle la loi exige que la mesure soit à la fois nécessaire, subsidiaire et proportionnée.

Le besoin d'être représenté en permanence

Deux conditions doivent être réunies pour qu'une mesure de tutelle puisse être demandée. Tout d'abord, le majeur doit avoir besoin d'être « représenté d'une manière continue » dans les actes de la vie civile *(art. 440, al. 3 du Code civil)*. En outre, il faut, comme pour une demande de mise sous sauvegarde de justice ou sous curatelle, que ses facultés mentales soient altérées. L'ouverture d'une tutelle est également envisageable en cas d'altération des facultés corporelles, mais seulement si cette altération empêche le majeur d'exprimer sa volonté. Et, dans tous les cas, l'altération des facultés doit être médicalement établie (*art. 425 du Code civil*, voir chapitre 6). En résumé, les causes médicales permettant d'ouvrir une curatelle, une tutelle ou une sauvegarde de justice sont les mêmes. Mais en fonction du degré de gravité de l'altération de ses facultés, le majeur à protéger sera placé par le juge des tutelles sous un régime plutôt qu'un autre : la sauvegarde de justice, si l'altération nécessite une simple protection, une curatelle, si elle commande une assistance, ou bien une tutelle, si le majeur a besoin d'une représentation continue. La Cour de cassation a ainsi admis la mise sous tutelle d'une femme qui était, depuis le décès de son mari, dans la totale incapacité de gérer ses affaires. Illettrée, elle ne pouvait remplir aucun document et ne pouvait pas rédiger de chèque. Par ailleurs, elle présentait d'importants troubles de la mémoire. Le rapport d'expertise précisait également qu'elle était dans un état dépressif et qu'elle souffrait d'un affaiblissement intellectuel *(C. cass., civ. 1re, 24.9.2008, n° 07- 16002).* A contrario, les juges ont considéré que la mise sous tutelle n'était pas justifiée dans une affaire où la personne vulnérable présentait une altération modérée de ses fonctions cognitives, ainsi qu'une perte d'autonomie et ce, même si l'altération de ses fonctions mentales revêtait un caractère définitif compromettant ses capacités à pourvoir seule à ses intérêts. En l'espèce, le besoin d'être représentée d'une manière continue dans les actes de la vie civile n'était pas caractérisé *(C. cass., civ. 1re, 7.11.2012, n° 11-23494).*

La tutelle doit être le dernier recours possible

En vertu du principe de subsidiarité (voir chapitre 6), la tutelle n'est prononcée que s'il est établi que, ni la sauvegarde de justice, ni la curatelle ne peuvent assurer une protection suffisante *(art. 440 du Code civil).* Lorsque la personne vulnérable est mariée, le juge des tutelles est également tenu, comme en matière de curatelle, d'examiner si le mandat de protection future suffit à résoudre les difficultés rencontrées par le majeur (voir chapitre 2). Depuis la loi du 23 mars 2019 de programmation 2018-2022 et de réforme pour la justice, ce mandat prime sur tout autre dispositif de représentation et doit être appliqué en priorité. Dans la négative, ou s'il n'en a pas établi, le magistrat regarde du côté des règles de droit commun de la représentation (mandat, procuration, voir chapitre 1), des règles relatives aux droits et devoirs respectifs entre époux et des règles des régimes matrimoniaux.

Des juges ont, par exemple, décidé qu'il n'y avait pas lieu d'ouvrir une tutelle dès lors que l'épouse avait été substituée à son mari dans l'exercice des pouvoirs que celui-ci tenait du régime matrimonial et que les actes reprochés à la femme n'établissaient pas un risque de dilapidation des biens communs *(C. cass., civ. 1re, 2.2.2012, n° 11-11346).*

Enfin, la mesure de mise sous tutelle doit être proportionnée. En fonction de la situation qui se présente à lui, le juge des tutelles peut donc décider d'alléger le régime de tutelle en énumérant les actes que le majeur aura la capacité de faire lui-même, seul ou avec son tuteur *(art. 473 du Code civil).* On parle alors de tutelle allégée.

La durée de la tutelle

La mesure de tutelle est prononcée pour une durée limitée qui peut être renouvelée pour la même durée.

La tutelle ne peut excéder cinq ou dix ans

Depuis le 1er janvier 2009, les mesures de tutelle doivent être prononcées pour une durée qui ne peut excéder cinq ans *(art. 441 du Code civil).* Toutefois, la loi n° 2015-177 du 16 février 2015 a offert au juge la possibilité, dès l'ouverture de la mesure, de fixer une durée plus longue, sans qu'elle puisse excéder dix ans. Il ne peut le faire que par une décision spécialement motivée et sur avis conforme d'un médecin agréé « constatant que l'altération des facultés personnelles de l'intéressé (…) n'apparaît manifestement pas susceptible de connaître une amélioration selon les données acquises de la science ». Cette possibilité vise à moduler le caractère automatique de la révision quinquennale qui, en l'absence d'évolution prévisible de la situation de la personne protégée, est souvent mal vécue par les familles. Elle permet ainsi d'adapter, aux pathologies les plus lourdes, la durée de la mesure de protection dès le début de celle-ci. À l'expiration du délai fixé par le juge, la mesure prend fin automatiquement, sauf s'il la renouvelle pour la même durée. Par exemple, si la durée initiale de la tutelle fixée par le juge était de trois ans, le renouvellement ne peut être prononcé que pour trois ans.

La mesure de tutelle peut être renouvelée

Le législateur a aussi voulu entourer le renouvellement de la tutelle de garde-fous. Depuis le 1er janvier 2009, la procédure de renouvellement d'une mesure de tutelle nécessite, comme la procédure initiale de mise sous protection, la production d'un certificat d'un médecin agréé. Le majeur dont la tutelle est éventuellement renouvelée doit obligatoirement être entendu par le juge des tutelles, à moins que le certificat médical n'indique que son audition est de nature à porter atteinte à sa santé, ou qu'il n'est pas apte à exprimer sa volonté *(art. 432, al. 2 et art. 442 du Code civil)*. Toutefois, lorsqu'il semble à peu près certain que les facultés du majeur protégé ne pourront s'améliorer, le juge peut, sur l'avis conforme du médecin agréé, ouvrir une tutelle pour une durée plus longue qu'il fixe *(art. 442, al. 2)*. La loi n° 2015-177 du 16 février 2015 est venue fixer une limite : cette durée ne peut excéder vingt ans.

> **+ Le nouveau délai butoir de vingt ans s'applique aux mesures en cours.** Les juges ont dix ans pour régulariser les mesures trop longues ou viagères. Ainsi toute tutelle renouvelée après le 1er janvier 2009 pour une durée supérieure à dix ans doit être régularisée au plus tard le 17 février 2025. À défaut, elle sera caduque. Vigilance donc.

Cette mesure pourra alors toujours être modifiée ou supprimée en cas d'évolution de la situation du majeur protégé. Notez que la Cour de cassation impose aux médecins de mentionner expressément sur leur avis la nécessité de renouveler la mesure de protection pour une durée excédant cinq ans *(C. cass., civ. 1re, 10.10.2012, n° 11-14441 ; C. cass., civ. 1re, 13.5.2015, n° 14-14904)*.

La procédure d'ouverture

Les règles d'ouverture d'une mesure de tutelle sont les mêmes que celles d'une mesure de curatelle (voir chapitre 6). Si, comme plus de la moitié des personnes qui font une telle demande, vous ne savez

pas quelle est la meilleure mesure pour protéger votre proche, entre la curatelle, la tutelle ou la sauvegarde de justice, sachez que vous n'êtes pas obligé de choisir entre ces trois régimes au stade de la requête. D'ailleurs, même si vous effectuez un tel choix, le juge n'est pas tenu de le suivre. Il peut ainsi trouver un régime de curatelle plus adapté à la situation de votre proche, alors que vous demandez l'ouverture d'un régime de tutelle, et vice versa.
Et depuis la loi du 23 mars 2019, il peut à l'issue de l'instruction prononcer une habilitation familiale *(art. 494-3 alinéa 3 du Code civil).* Il doit bien sûr s'assurer au préalable de l'adhésion des proches ou, en tout cas, de leur absence d'opposition à la mesure et au choix du protecteur (voir chapitre 4).

La requête doit être déposée par un proche

Depuis le 1er janvier 2009, la demande d'ouverture de la tutelle peut être présentée au juge par les personnes suivantes *(art. 430 du Code civil)* : le majeur lui-même ; son conjoint, son partenaire de Pacs ou son concubin, à moins que la vie commune n'ait cessé entre eux ; un parent ou un allié ; une personne entretenant avec le majeur « des liens étroits et stables » (des amis) ; la personne qui exerce à son égard une mesure de protection juridique, si le majeur est déjà sous sauvegarde de justice ou éventuellement sous curatelle ; et, enfin, le procureur de la République, soit d'office, soit à la demande d'un tiers (services sociaux, médecin traitant…). Notez que le juge des tutelles ne peut plus s'autosaisir d'une demande de mise sous tutelle depuis le 1er janvier 2009.

Les formes de la requête

La requête aux fins d'ouverture de la tutelle doit être adressée ou remise au greffe du tribunal d'instance du lieu de résidence du majeur à protéger. Un modèle de requête est disponible dans les greffes des tribunaux d'instance ou sur www.service-public.fr « Services en ligne et formulaires ». Il s'agit du Cerfa n° 15891*01 « Requête en vue d'une protection juridique d'un majeur », une notice explicative accompagne le formulaire (voir notre modèle de lettre de demande de dossier p. 166). Les formalités sont les mêmes que pour l'ouverture d'une curatelle (voir chapitre 6).
Pour être recevable la requête doit comporter un certain nombre d'éléments : elle doit désigner la personne à protéger, énoncer les faits qui

justifient la protection, les noms des proches et s'il est connu le nom du médecin traitant. Elle doit également, dans la mesure du possible, préciser les éléments concernant la situation de famille, financière et patrimoniale de la personne. La requête doit être obligatoirement accompagnée d'un certificat médical circonstancié constatant l'altération des facultés mentales ou corporelles de la personne de nature à empêcher l'expression de sa volonté *(art. 1218 et 1218-1 du Code de procédure civile).* Celui-ci est établi par un médecin inscrit sur une liste tenue par le procureur de la République. Le contenu et le coût de ce certificat sont réglementés (voir chapitre 6).

Une procédure commune avec la curatelle

Les règles applicables à l'audition préalable de la personne vulnérable par le juge des tutelles sont les mêmes qu'en matière de curatelle (voir chapitre 6). Le juge peut aussi ordonner certaines mesures lui per-

Un rapport de la Cour des comptes alarmant

Un récent rapport de la Cour des comptes a fait le bilan de près de dix ans d'application de la loi du 5 mars 2007 réformant la protection juridique des majeurs. Dans ce document, la Cour fait état d'une gestion des mesures « préoccupante » et d'un contrôle « insuffisant ». Selon elle, « les moyens mis en œuvre apparaissent faibles et l'organisation du système peu efficace ». La Cour estime que « les services de l'État et les départements devraient mieux prendre la mesure de leurs responsabilités envers les majeurs vulnérables, qui méritent de faire l'objet d'une véritable politique publique ». Elle formule neuf recommandations parmi lesquelles :

- amplifier les dispositifs de soutien aux tuteurs familiaux ;

- normaliser les modalités d'établissement, de transmission et de contrôle des documents fournis ;

- confier à des professionnels du chiffre l'établissement et le contrôle des inventaires et des comptes des majeurs dont la situation financière est complexe ou présente des risques. Sur ce point, la loi du 23 mars 2019 est venue apporter une avancée, voir page 154.

Source : « La protection juridique des majeurs : une réforme ambitieuse, une mise en œuvre défaillante », septembre 2016.

mettant de s'informer sur la situation du majeur à protéger. Il peut, notamment, faire procéder à une enquête sociale. Et il reçoit, autant que possible, les parents, alliés et amis de la personne à protéger afin de les entendre *(art. 1220-4 du Code de procédure civile)*. L'audience se déroule également dans les mêmes conditions que dans une procédure de mise sous curatelle (voir chapitre 6). La personne protégée peut choisir de se faire assister par un avocat, qui a le droit d'accéder au dossier à tout moment de la procédure (voir encadré p. 115).

En pratique, il est courant que le magistrat décide de placer immédiatement le majeur vulnérable sous sauvegarde de justice (qui elle, est effective en une à deux semaines) afin de le protéger au plus vite, et afin de pouvoir prendre les mesures les plus urgentes.

> Sachez qu'il faut compter **entre six à huit mois** à partir du moment où la requête est déposée, **pour qu'une tutelle soit mise en place** par le juge. En tout état de cause, le juge doit se prononcer sur la requête d'ouverture de la mesure dans l'année où il en a été saisi.

La décision prise par le juge des tutelles est susceptible de recours, dans les mêmes conditions que dans le cadre d'une procédure de mise sous curatelle (*art. 1239 et s. du CPC*, voir chapitre 6). Que le juge prononce une mise sous tutelle ou qu'il la refuse, un recours peut être exercé dans les quinze jours qui suivent la décision (ou sa notification si elle vous a été notifiée). Pour contester la décision, il faut envoyer une lettre recommandée avec avis de réception au greffe du tribunal de grande instance. Il n'est pas obligatoire de faire appel à un avocat, mais il peut être utile au moins de lui demander conseil. Une fois l'appel enregistré par le greffe, celui-ci transmet sans délai copie du dossier à la cour d'appel. Cette dernière est désormais compétente pour traiter l'appel.

Le fonctionnement de la tutelle

Être nommé tuteur n'est pas une expérience facile. C'est pourtant le rôle qu'endossent de nombreux proches de majeurs protégés. Dès le jugement d'ouverture, ceux-ci doivent prendre des mesures urgentes et apprendre à composer avec d'autres institutions (conseil de famille, juge des tutelles, subrogé tuteur).

Les personnes chargées d'exercer la tutelle

La tutelle peut être exercée par un tuteur seul ou bien, si la protection de la personne le justifie et si la composition de la famille le permet, le juge peut organiser la tutelle avec un conseil de famille.

Le tuteur est en principe un proche

Dès lors que vous êtes un proche du majeur à protéger (que vous soyez de sa famille ou non), et si vous êtes d'accord, vous pouvez être nommé tuteur. La loi privilégie, en effet, la solution du cercle familial et du cercle d'amis par rapport à celle des mandataires judiciaires, c'est-à-dire des tuteurs professionnels.
La loi établit un ordre de priorité dans l'entourage du majeur à protéger. En priorité, le juge des tutelles (ou le conseil de famille quand il existe) doit nommer tuteur la personne désignée par le majeur (ou ses parents s'ils en ont la charge). À moins que celle-ci refuse la mission ou soit dans l'impossibilité de l'exercer. Bien sûr, si ce choix est objectivement contraire à l'intérêt de la personne à protéger, le juge peut toujours décider de nommer quelqu'un d'autre *(art. 448 du Code civil)*. À défaut, la tutelle doit revenir en priorité à la personne avec laquelle le majeur vit et ce, quel que soit le statut du couple (conjoint, partenaire de Pacs ou concubin, à moins que la vie commune ait cessé entre eux). À défaut, le juge désigne un parent, un allié ou une personne résidant avec le majeur protégé et entretenant avec lui des liens étroits et stables. Dans tous les cas, le juge prend en considération les sentiments exprimés par le majeur, ses relations habituelles avec la personne pressentie pour être tuteur, l'intérêt à son égard et les recommandations éventuelles de

ses parents et alliés, ainsi que de son entourage *(art. 449 du Code civil)*. Le magistrat peut, par exemple, préférer désigner un tuteur extérieur à la famille pour apaiser la situation. En l'espèce, la fille de la majeure protégée avait été désignée comme tutrice par celle-ci, mais elle a été écartée en raison de l'existence d'un conflit important avec son père *(C. cass., civ. 1re, 23.2.2011, n° 10-12923)*.

L'intérêt de la personne à protéger est toujours ce qui compte, in fine.

Le tuteur peut être un professionnel

Depuis le 1er janvier 2009, si aucun membre de la famille, ni aucun proche ou allié ne peut ou ne souhaite prendre la charge de tuteur, le juge peut désigner un mandataire judiciaire, c'est-à-dire un tuteur professionnel.

Le tuteur pourra aussi être une personne ou un service de l'établissement social ou médical dans lequel réside le majeur. Mais c'est à la condition qu'il soit inscrit sur la liste des mandataires judiciaires, disponible en préfecture ou au tribunal d'instance.

Qui peut être nommé mandataire judicaire ? Les personnes morales ou physiques qui exercent habituellement des mesures de protection juridique sont appelées « mandataires judicaires à la protection des majeurs » (MJPM). Cette désignation regroupe aussi bien des personnes physiques exerçant à titre individuel et habituel les mesures de protection judiciaires, des personnes désignées par l'établissement accueillant le majeur et des services mettant en œuvre les mesures de protection judicaires. Dans tous les cas, le mandataire doit satisfaire à des conditions d'âge, de moralité, de formation certifiée par l'État et d'expérience professionnelle. Une liste dressée et tenue à jour par le préfet après avis du procureur de la République répertorie ces mandataires.

La rémunération des mandataires judiciaires. Contrairement au tuteur familial, le mandataire judicaire est rémunéré. En principe, sa rémunération est supportée par le majeur sous tutelle suivant un barème proportionnel à ses ressources (voir tableau p. 120). La personne protégée est exonérée de participation lorsque le montant de ses ressources est inférieur au montant annuel de l'allocation aux adultes handicapés (AAH) en vigueur au 1er janvier de l'avant-dernière année civile. En 2019, le montant annuel de ses ressources ne doit pas dépasser 9 730,68 € (montant annuel de l'AAH au 1er janvier 2018). Lorsque le financement de la mesure ne peut être intégralement assumé par le majeur protégé, il est pris en charge par la collectivité publique.

Le mandataire judiciaire a une obligation d'information vis-à-vis de la personne sous tutelle. La réforme entrée en vigueur le 1er janvier 2009 s'attache à réaffirmer le respect des droits fondamentaux de la personne placée sous protection judiciaire et à prévenir les actes de maltraitance *(décret n° 2008-1556 du 31.12.2008)*. La loi n° 2015-1776 du 28 décembre 2015 relative à l'adaptation de la société au vieillissement est venue renforcer le respect de ces droits. Ainsi, lorsque la mesure est exercée par un professionnel, celui-ci doit, après une présentation par oral à la personne, lui remettre personnellement par écrit, dès l'ouverture de la mesure, un document reprenant les principales dispositions de la loi, un rappel de ses droits, une évaluation de sa participation financière au coût de la mesure de protection, et diverses coordonnées utiles (tribunal, procureur de la République...). Le tuteur professionnel doit également transmettre la Charte des droits et libertés de la personne majeure protégée, qui rappelle, entre autres, son droit à la confidentialité de sa correspondance, sa liberté d'entretenir des relations personnelles avec ses proches, la protection de son logement...

Par ailleurs, le mandataire judiciaire à la protection des majeurs, quel que soit son mode d'exercice (mandataire privé, préposé d'un établissement hospitalier, social ou médico-social ou délégué d'un service mandataire), doit également lui remettre un document individuel de protection des majeurs (DIPM). Auparavant, seuls certains mandataires étaient concernés par cette obligation. Ce document définit les objectifs et la nature de la mesure de protection. Il détaille la liste et la nature des prestations offertes, ainsi que le montant prévisionnel des prélèvements opérés sur les ressources de la personne protégée *(art. L. 471-6 de Code de l'action sociale et des familles)*. Il garantit ainsi un accompagnement individualisé, adapté aux besoins du majeur.

> **+** Si l'état de la personne protégée ne lui permet pas de **mesurer la portée de ces documents**, ils sont remis à un membre du conseil de famille ou à défaut à un parent, un allié ou une personne de son entourage ou sa personne de confiance.

Plusieurs tuteurs peuvent être désignés

Dans tous les cas, le juge peut, en considération de la situation de la personne protégée, des aptitudes des intéressés et de la composition du patrimoine à administrer, désigner plusieurs tuteurs pour exercer en commun la mesure de protection *(art. 447 du Code civil)*, par exemple, les deux parents du majeur *(Rép. min., n° 00026,* JO *Sénat du 18.10.2012).* Il peut également diviser la mesure de protection entre un tuteur chargé de la protection du majeur lui-même, et un tuteur chargé de la gestion patrimoniale. Ou bien confier la gestion de certains biens à un tuteur adjoint. Enfin, le juge peut nommer un adjoint au tuteur, que l'on appelle subrogé tuteur. Il est chargé de contrôler les actes du tuteur et d'alerter le juge en cas d'irrégularités *(art. 454 du Code civil)* ainsi que de vérifier et d'approuver annuellement le compte de gestion depuis la loi du 23 mars 2019 *(art. 512 du Code civil).* A noter que si un conseil de famille est créé, la désignation d'un subrogé tuteur est obligatoire *(art. 456 du Code civil).* Il est aussi possible, en l'absence de subrogé tuteur, de nommer un tuteur ad hoc (voir chapitre 6) lorsque les intérêts du tuteur sont, à l'occasion d'un acte ou d'une série d'actes, en opposition avec ceux de la personne qu'il protège *(art. 455 du Code civil).*

L'accompagnement des tuteurs familiaux

Moins de la moitié des mesures de protection est assumée par la famille. Pour vaincre la réticence souvent forte des proches à accepter cette charge, les tuteurs familiaux doivent pouvoir trouver dans les greffes des tribunaux une liste de personnes habilitées à les informer. Cette information générale (dispensée sur support papier ou sur Internet) rappelle les grands principes des mesures de protection, leur cadre juridique, l'existence et le contenu de la Charte des droits et libertés, ainsi que les droits et obligations du tuteur. Par ailleurs, à leur demande, les tuteurs familiaux doivent pouvoir obtenir un soutien technique et personnalisé.

Une circulaire de la Direction générale de la cohésion sociale du 19 janvier 2018 a précisé les modalités du dispositif. L'information peut ainsi prendre la forme de prestations individualisées (permanences téléphoniques, physiques ou rendez-vous personnalisés), d'actions collectives (organisation de conférences, rencontres avec les familles…), d'outils et de conseil (plaquettes d'information, supports techniques et modèles de documents). La circulaire pointe la complémentarité de ces mesures, la nécessité de développer la palette de ces actions et de diversifier les lieux de permanence. Il est prévu dès juillet 2018 de mettre à disposition des familles une mallette pédagogique comportant des fiches informatives sur les différents types de mesures de protection ; des modèles de lettre et de requête, des fiches techniques explicatives (inventaire, vente d'un bien immobilier…), des outils (compte de gestion annuel, inventaire du patrimoine…). Enfin, un site internet national sera créé au cours du second semestre 2019. Il contiendra nombre de documents d'information, de guides, la liste des professionnels et des structures mettant en œuvre ce dispositif d'information et de soutien des tuteurs familiaux dans les territoires, des actualités de la protection juridique.

Le conseil de famille est facultatif

Le juge peut organiser la tutelle avec un conseil de famille, sous deux conditions : si « les nécessités de la protection de la personne ou la consistance de son patrimoine le justifient », et si « la composition de sa famille et de son entourage le permet » *(art. 456 du Code civil).* Et même si ces conditions sont réunies, la désignation d'un conseil de famille n'est qu'une possibilité offerte au juge, et non une obligation.

Les membres du conseil de famille. Le conseil de famille est composé du juge des tutelles, du tuteur et du subrogé tuteur (voir ci-dessus), et d'au moins deux autres membres désignés par le juge (trois autres s'il n'y a pas de subrogé tuteur). Ces membres sont désignés parmi les parents et alliés du majeur. Il peut aussi s'agir de toute personne, résidant en France ou à l'étranger, qui manifeste un intérêt pour lui. Le juge choisit en fonction des sentiments exprimés par le majeur, des relations habituelles qu'il entretient avec ses parents et alliés, ainsi qu'avec son entourage, de l'intérêt porté à son égard par ces personnes, et de leurs recommandations éventuelles *(art. 456 du Code civil).* Dans la mesure du possible, le juge procède à un choix équilibré, parmi les deux branches, paternelle et maternelle, du majeur.

La convocation du conseil de famille. Le conseil de famille est convoqué par le juge des tutelles, mais sa réunion est de droit si elle est requise soit par deux de ses membres, soit par le tuteur ou le subrogé tuteur, soit par le majeur protégé. La convocation est adressée huit jours au moins avant la date de la réunion. Les membres du conseil de famille sont tenus de se rendre en personne à la réunion. Sauf si le juge l'estime contraire à son intérêt, le majeur sous tutelle peut assister à ces réunions, mais seulement à titre consultatif.

Les réunions ne sont pas publiques et les membres du conseil de famille sont tenus à l'obligation de secret à l'égard des tiers.

La présidence du conseil de famille. En principe, le juge des tutelles préside le conseil. Mais, si le tuteur ou le subrogé tuteur est un mandataire judiciaire à la protection des majeurs, le juge peut autoriser le conseil de famille à se réunir et à délibérer sans lui *(art. 457 du Code civil)*. A contrario, on peut en déduire que, si la tutelle est assurée par un membre de la famille ou un proche du majeur, la présence du juge est indispensable. Cette faculté ne devrait toutefois être utilisée par le juge que pour les conseils de famille qui fonctionnent déjà bien. Lorsque le conseil de famille est autorisé à se réunir sans le juge, il désigne alors un président et un secrétaire parmi ses membres, qui ne peuvent être ni le tuteur, ni le subrogé tuteur. Le président désigné exerce les mêmes missions que celles qui sont dévolues au juge en ce qui concerne la convocation, la ré-

Les recours contre les décisions prises par le conseil de famille

Les délibérations du conseil de famille peuvent faire l'objet d'un recours devant la cour d'appel. L'appel est ouvert à tous ses membres et au juge des tutelles, quel qu'ait été leur avis pendant la délibération. Le délai de recours est de quinze jours à compter de la délibération du conseil de famille ou de la notification de celle-ci à ses membres si aucune réunion formelle ne s'est tenue. Le recours est formé par une requête remise ou adressée par lettre recommandée avec accusé de réception au greffe du TGI. L'assistance d'un avocat n'est pas obligatoire.

union et la délibération du conseil de famille (choix du lieu, de la date, de l'ordre du jour, voir p. 143). Le juge est tenu informé de l'ordre du jour de chaque réunion. Par ailleurs, les décisions prises par le conseil de famille réuni hors sa présence ne peuvent prendre effet que s'il ne s'y oppose pas.

Les délibérations du conseil de famille. Les délibérations du conseil de famille font l'objet d'un vote. Il ne peut délibérer que si la moitié au moins des membres est présente. Une délibération est adoptée lorsqu'elle obtient la majorité simple des votes exprimés. En cas de partage des voix, celle du juge est prépondérante. La décision doit être motivée. Et toutes les fois où elle n'est pas prise à l'unanimité, l'avis de chacun des membres est mentionné dans le procès-verbal.

Les attributions du conseil de famille. S'il est créé, c'est le conseil de famille, et non le juge des tutelles, qui désigne les personnes chargées de la tutelle, c'est-à-dire le tuteur, le subrogé tuteur et, le cas échéant, le tuteur ad hoc (voir ces termes p. 174). C'est, depuis la loi du 16 février 2015, au tuteur lui-même et non plus au conseil de famille d'arrêter le budget de la tutelle en déterminant, en fonction de l'importance des biens de la personne protégée et des opérations qu'implique leur gestion, les sommes nécessaires chaque année à l'entretien du majeur et au remboursement des frais d'administration de ses biens. Le conseil de famille n'intervient qu'en cas de difficultés. De même, depuis la loi du 23 mars 2019, le tuteur peut conclure seul (sans l'autorisation du conseil de famille ou du juge) un contrat avec un tiers pour la gestion des valeurs mobilières et instruments financiers du majeur.

Le conseil de famille détermine les modalités d'emploi par le tuteur des capitaux liquides et de l'excédent des revenus du majeur *(art. 501 du Code civil)*. Depuis la loi du 23 mars 2019, le tuteur peut toutefois, sans autorisation, placer des fonds sur un compte. Le conseil de famille prescrit toutes les mesures qu'il juge utiles quant à l'emploi ou au réemploi des fonds, soit par avance, soit à l'occasion de chaque opération. Le conseil peut, par exemple, ordonner que certains fonds soient déposés sur un compte bloqué. Et il peut exiger que les comptes de gestion du patrimoine de la personne protégée soient ouverts exclusivement auprès de la Caisse des dépôts et consignations. C'est lui aussi qui autorise le tuteur à réaliser certains actes, comme les actes de disposition (emprunt, hypothèque, vente d'immeuble ou d'un fonds de commerce…), voir encadré p. 149 ; à transiger ; à procéder à un partage amiable en cas d'opposition d'intérêts avec le tuteur ; à renoncer à une succession. En revanche, le conseil de famille n'autorise plus le majeur à se marier ou à se pacser dans la mesure où il n'a plus besoin d'autorisation. Depuis la loi du 23 mars 2019, la personne chargée de la protection est en effet simplement informée préalablement du projet de mariage de la personne protégée *(art. 460 du Code civil)*. Et en cas de conclusion d'un pacte civil de solidarité, le tuteur assiste le futur partenaire pour signer la convention de Pacs, pour le reste il n'intervient pas, pas plus que le conseil de famille.

> **+** Notez que les **autorisations du conseil de famille** peuvent être remplacées par celles du juge si les actes portent sur des biens dont la valeur en capital n'excède pas 50 000 €.

Les obligations du tuteur

Si vous acceptez d'être le tuteur d'un proche, vous devrez le représenter dans les actes de la vie civile et administrer ses biens, sous la surveillance du juge toutefois. Vous pourrez en effet accomplir certains des actes seul, ou avec l'accord du juge des tutelles ou du conseil de famille lorsqu'il a été créé (voir p. 143). Vous devrez également informer le majeur sur sa situation personnelle, sur les actes qu'il ne pourra passer seul mais uniquement avec vous, sur leur utilité, leur degré d'urgence, leurs effets. Il faudra aussi lui expliquer les conséquences d'un refus de collaborer avec vous *(art. 457-1 du Code civil)*. Cette obligation est cependant relative : votre relation avec le majeur protégé dépendra surtout de la compréhension qu'il aura de sa propre situation. Sachez, par ailleurs, qu'en tant que non-professionnel, vous ne pourrez pas être rémunéré. Tout au plus, le juge des tutelles pourra vous octroyer le versement d'une indemnité (à la charge du majeur), selon l'importance des biens gérés ou de la difficulté à exercer la tutelle *(art. 419 du Code civil)*.

Procéder à un inventaire

Dès que le tuteur a été désigné par le juge des tutelles, il doit accomplir un certain nombre de formalités. Le tuteur doit ainsi faire procéder, en présence du subrogé tuteur, s'il a été désigné, à un inventaire des biens de la personne protégée, et le transmettre au juge. La loi du 23 mars 2019 a modifié le délai de remise de cet inventaire. Désormais le délai imparti pour le transmettre au juge est de trois mois à compter de l'ouverture de la tutelle seulement pour les biens meubles corporels. Il passe à six mois pour les autres biens *(art. 503 du Code civil)*. Si le tuteur est en retard dans la transmission de l'inventaire, le juge peut désigner un commissaire-priseur judiciaire, un huissier de justice, un notaire ou un mandataire judiciaire à la protection des majeurs pour y procéder aux frais du tuteur. L'inventaire est effectué en présence de la personne protégée si son état ou son âge le permet, et de son avocat le cas échéant *(art. 1253 du CPC)*. S'il n'est pas réalisé par un officier public ou ministériel, il doit en outre être fait en présence

+ Le **secret professionnel** et le **secret bancaire** sont levés au profit du tuteur.

Tuteurs familiaux, mieux vaut assurer votre responsabilité

Même bénévoles, les tuteurs issus du cercle familial sont responsables des fautes, y compris involontaires (erreur d'appréciation, négligence), qui causent un dommage au majeur ou à une autre personne *(art. 421 du Code civil)*. La couverture de responsabilité civile intégrée au contrat d'assurance multirisque habitation ne garantit, en général, pas les préjudices financiers qui ne sont pas liés à des dommages matériels ou corporels. Or, la faute commise par le tuteur dans la gestion des intérêts de la personne protégée provoque, la plupart du temps, un préjudice exclusivement financier. Mieux vaut donc souscrire un contrat spécifique à cette activité. Pour cela, vous pouvez vous rapprocher d'associations de soutien aux tuteurs familiaux comme l'Anat (www.anatutelle.fr) ou du site www.tutelleauquotidien.fr. Quant au curateur, sauf en cas de curatelle renforcée, sa responsabilité n'est engagée que s'il y a dol (manœuvre délibérée avec l'intention de tromper) ou faute lourde (faute résultant d'une grande légèreté ou d'une imprudence).

de deux témoins majeurs qui ne sont pas au service de la personne protégée ni de la personne exerçant la mesure de protection. Il doit être daté et signé par les personnes présentes. L'inventaire contient une description des meubles meublants, une estimation des biens immobiliers, ainsi que des biens mobiliers ayant une valeur supérieure à 1 500 €, la désignation des espèces en numéraire et un état des comptes bancaires, des placements, et des autres valeurs mobilières *(art. 1253 du Code de procédure civile).*
Pour réaliser cet inventaire, le tuteur doit pouvoir accéder à toutes les informations nécessaires. Concrètement, si vous êtes désigné tuteur, vous devez pouvoir obtenir communication de tous les renseignements et documents nécessaires à l'établissement de l'inventaire auprès de toute personne, qu'elle soit publique (administrations…) ou privée (banque…). Vous devez assurer l'actualisation de cet inventaire régulièrement au cours de la tutelle. Quand elle prendra fin, vous remettrez l'inventaire initial et les actualisations ultérieures à la personne qui se chargera alors du majeur, ou à ses héritiers, en cas de décès *(art. 514 du Code civil).*
Une nouveauté : depuis la loi du 23 mars 2019, le juge peut dès l'ouverture de la mesure désigner un commissaire-priseur judiciaire, un huissier de justice, un notaire ou un mandataire judiciaire à la protection des majeurs pour procéder, aux frais de la personne protégée, à l'inventaire des biens meubles corporels.

Arrêter le budget de la tutelle

Après l'inventaire, la seconde étape incontournable en début de tutelle est l'établissement du budget. Depuis la loi n° 2015-177 du 16 février 2015, il appartient au tuteur d'arrêter le budget en déterminant les sommes annuellement nécessaires à l'entretien de la personne protégée et au remboursement des frais d'administration de ses biens. Il doit être transmis au juge dans les six mois de l'ouverture de la tutelle *(art. 503 du Code civil).* Il tient compte de l'importance des biens et des opérations qu'implique leur gestion. Le tuteur est tenu d'en informer le conseil de famille ou, à défaut, le juge. Auparavant, le tuteur n'avait la charge que de proposer le budget, c'était le juge ou le conseil de famille qui l'arrêtait. Depuis, ces derniers n'interviennent qu'en cas de difficultés. De plus, la loi du 23 mars 2019 a permis au tuteur d'inclure dans les frais de gestion, et sous sa propre responsabilité,

Classification des actes de disposition et d'administration *(décret n° 2008-1484 du 22.12.2008)*

CLASSIFICATION INTANGIBLE DES ACTES	
Actes d'administration	**Actes de disposition**
Logement et biens immobiliers du majeur	
Travaux d'amélioration utiles, aménagements, réparations d'entretien	Grosses réparations (définies à l'*art. 606 du Code civil*), comme la réfection de toiture.
Résiliation du bail d'habitation d'un bien donné en location	Vente ou apport en société d'un immeuble
Conclusion et renouvellement d'un bail de neuf ans au plus, d'un bien donné en location ou loué par le majeur (sauf son logement)	Achat ou location de biens du majeur par le tuteur pour son propre compte
Bornage amiable de la propriété	Logement du majeur : vente, conclusion et résiliation du bail si le majeur est locataire Acceptation d'une promesse de vente en tant qu'acquéreur Consentement à une hypothèque
Comptes bancaires	
Ouverture d'un premier compte ou livret	Ouverture d'un nouveau compte ou livret ou modification d'un compte existant
Demande de carte bancaire de retrait	Demande de carte bancaire de crédit
Emploi et remploi de sommes d'argent qui ne sont ni des capitaux, ni des excédents de revenus	Clôture d'un compte bancaire
Perception des revenus et réception de capitaux	Emploi et remploi des capitaux et des excédents de revenus
Gestion de patrimoine	
Résiliation d'un contrat de gestion de valeurs mobilières et d'instruments financiers	Conclusion d'un contrat de gestion de valeurs mobilières et d'instruments financiers
Conclusion ou renouvellement d'un contrat d'assurance de biens ou de responsabilité civile	Vente d'instruments financiers
Perception de dividendes, de loyers...	Vente des meubles du logement
Assurance-vie	
	Souscription, rachat ou avance
	Désignation ou substitution du bénéficiaire

.../...

CLASSIFICATION AVEC APPRÉCIATION AU CAS PAR CAS	
Actes d'administration	**Actes de disposition**
Patrimoine	
Paiement des dettes, y compris par prélèvement sur le capital	Prélèvement sur le capital, à l'exclusion du paiement des dettes
Octroi d'un délai raisonnable en vue du recouvrement de créance	Emprunt, contrat de crédit souscrit et prêt consenti par le majeur
Acte de gestion d'un portefeuille, y compris la vente de titres si elle est suivie de leur remplacement	Cession de portefeuille (en pleine propriété ou en nue-propriété)
	Acquisition et cession d'instruments financiers non inclus dans un portefeuille
Contrat d'assurance-vie	
Acceptation de la clause bénéficiaire sans charge	Versement de nouvelles primes
	Acceptation de la clause bénéficiaire avec charges
Vie professionnelle	
Conclusion et rupture d'un contrat de travail en qualité de salarié ou d'employeur	

la rémunération des administrateurs particuliers dont il demande le concours *(article 500 du Code civil)*. Il n'a plus à demander l'autorisation au conseil de famille ou au juge.

Gérer le patrimoine du majeur

Le tuteur représente la personne protégée dans les actes nécessaires à la gestion de son patrimoine. Il est tenu d'apporter des « soins prudents, diligents et avisés » dans le seul intérêt de la personne protégée *(art. 496 du Code civil)*. Le tuteur peut accomplir seul certains actes : l'inventaire, les actes conservatoires et d'administration « nécessaires à la gestion du patrimoine », les actions en justice relatives aux droits patrimoniaux du majeur *(art. 503 et 504 du Code civil)*. En revanche, il doit recueillir l'autorisation du juge des tutelles (ou du conseil de famille), pour réaliser des actes de disposition (par exemple, consentir une donation, voir encadré p. 155). Notez que, lorsque le juge statue sur ce type de requêtes, il doit le faire dans les trois mois de leur réception.

Le décret n° 2008-1484 du 22 décembre 2008 est venu fixer la liste des actes qui sont regardés comme des actes d'administration et comme des actes de disposition. Les actes d'administration sont définis comme étant ceux relatifs à la gestion courante du patrimoine de la personne protégée, dénués de risque anormal. Les actes de disposition sont les actes qui engagent le patrimoine de la personne protégée pour le présent ou l'avenir, par une modification importante de son contenu, une dépréciation significative de sa valeur en capital ou une altération durable des prérogatives de son titulaire. À l'inverse, le tuteur ne peut accomplir certains actes, même avec une autorisation *(art. 509 du Code civil)* : exercer l'activité commerciale ou la profession libérale du majeur protégé, faire une remise de dettes, acquérir pour lui-même les biens de la personne protégée…

Patrimoine : une gestion assouplie

La loi du 23 mars 2019 a supprimé l'autorisation préalable du juge des tutelles pour certaines mesures patrimoniales. Ainsi, le tuteur peut agir seul, sans l'aval du juge ou du conseil de famille, pour :

- conclure un contrat avec un tiers pour la gestion des valeurs mobilières et instruments financiers de la personne protégée. Il doit choisir ce tiers contractant en considération de son expérience professionnelle et de sa solvabilité *(art. 500 du Code civil)* ;
- souscrire une convention-obsèques pour le majeur protégé. Cette formule de financement d'obsèques prévoit l'affectation du capital versé au bénéficiaire à la réalisation des obsèques du majeur protégé souscripteur *(art. L132-4-1 du Code des assurances)* ;
- ouvrir et modifier les comptes bancaires au nom du majeur protégé dans sa banque habituelle et clôturer des comptes ouverts pendant la mesure *(art. 427 du Code civil)* ;
- accepter une succession purement et simplement si l'actif dépasse manifestement le passif, après recueil d'une attestation du notaire chargé du règlement de la succession *(art. 507-1 du Code civil)* ;
- procéder au partage amiable d'une succession ou d'une indivision sauf en cas de conflits d'intérêts *(art. 507 du Code civil)*.

Ouvrir un compte bancaire personnel au nom du majeur protégé

Comme pour les majeurs sous curatelle, la réforme institue un véritable droit au compte bancaire pour le majeur protégé. Depuis le

1er janvier 2009, si celui-ci n'est titulaire d'aucun compte ou livret, son tuteur doit lui en ouvrir un. Cette règle concerne aussi bien les tutelles ouvertes depuis le 1er janvier 2009 que celles en cours à cette date. Ce faisant, la loi proscrit la pratique dite des comptes pivot, parfois source d'abus par le passé (voir chapitre 6). Depuis la loi du 23 mars 2019, le tuteur peut procéder sans autorisation à l'ouverture et la modification des comptes bancaires au nom du majeur protégé dans sa banque habituelle ainsi qu'aux clôtures de comptes ouverts pendant la mesure. En revanche, une autorisation du juge des tutelles ou du conseil de famille s'il a été constitué reste requise pour la clôture des comptes ou livrets ouverts avant le prononcé de la mesure ou l'ouverture d'un autre compte ou livret auprès d'un nouvel établissement *(art. 427 du Code civil).*

Tenir des comptes annuels

Le tuteur doit établir, chaque année, un compte de sa gestion, qu'il transmet au juge des tutelles pour vérification. La loi du 23 mars 2019 a modifié les modalités d'approbation de ces comptes.

L'établissement du compte de gestion. En plus du compte de gestion, vous devez aussi fournir au juge « toutes les pièces justificatives utiles » *(art. 510 du Code civil).* Vous devez donc demander aux établissements bancaires un relevé annuel du ou des comptes ouverts au nom du majeur. Une copie de ce compte de gestion et des pièces justificatives doit être fournie, chaque année, au majeur protégé s'il est âgé d'au moins 16 ans, ainsi qu'au subrogé tuteur s'il a été nommé. Si vous l'estimez utile, vous pouvez également transmettre votre bilan aux autres personnes chargées de la protection de l'intéressé (tuteur ad hoc conseil de famille).

Le compte de gestion est confidentiel, mais le juge des tutelles peut autoriser la personne qui vit avec le majeur ou l'un de ses proches à s'en faire communiquer une copie par le tuteur, accompagnée des pièces justificatives (ou une partie de ces documents). Le coût des photocopies et du courrier sera à leur charge. Le juge ne pourra l'autoriser qu'après avoir entendu le majeur et recueilli son accord, si son état le permet.

> **+** Les établissements bancaires ne peuvent opposer au tuteur le **secret professionnel ou le secret bancaire.** Toutefois, le tuteur est tenu d'assurer la confidentialité du compte de gestion.

Notez que vous pouvez être dispensé de tenir des comptes annuels. Lorsque la tutelle est confiée à la famille ou à un proche, et que les revenus et le patrimoine de la personne protégée sont modestes, le juge peut dispenser le tuteur d'établir le compte de gestion et de le soumettre à l'approbation du greffier *(art. 512 du Code civil)*. Ceci afin de favoriser les tutelles familiales. La Cour de cassation a récemment rappelé que cette dispense n'était toutefois qu'une faculté pour le juge. Celui-ci exerce un pouvoir souverain d'appréciation. Dans cette affaire, la situation patrimoniale de la personne protégée ne justifiait pas, selon le juge, de dispense. La personne sous tutelle percevait l'allocation aux adultes handicapés et les juges ont estimé que l'établissement du compte de gestion devait permettre un contrôle des dépenses faites, dans son intérêt *(C. cass., civ. 1re, 7.10.2015, n° 14-23955)*. La loi du 23 mars 2019 a étendu cette possibilité de dispense aux mandataires judiciaires à la protection des majeurs. Ainsi, lorsque la mesure est confiée à un professionnel, le juge peut le dispenser de soumettre le compte de gestion à l'approbation en considération de la modicité des revenus ou du patrimoine de la personne protégée.

La gestion d'un contrat d'assurance-vie requiert l'autorisation du juge des tutelles

Lorsque le souscripteur d'un contrat d'assurance-vie est sous tutelle, l'autorisation du juge des tutelles ou du conseil de famille est indispensable pour la souscription ou le rachat du contrat, ainsi que pour la désignation, la substitution ou la révocation du bénéficiaire. Même si le tuteur du majeur protégé est sa mère, cette dernière n'est pas libre de faire ce qu'elle veut pour gérer les capitaux de l'assurance-vie de son fils *(C. cass., civ. 1re, 11.9.2013, n° 12-23828)*. En principe, le versement de nouvelles primes sur le contrat requiert aussi l'autorisation du juge des tutelles, sauf si celui-ci a de faibles conséquences sur le contenu ou la valeur du patrimoine de la personne protégée *(Rép. min., n° 25980, JOAN du 1.10.2013)*. En outre, des primes peuvent être considérées comme «manifestement exagérées» et réintégrées dans l'actif de succession, même si leur versement a été autorisé par le juge des tutelles *(C. cass, civ. 1re, 7.2.2018, n° 17-10818)*.

La vérification du compte de gestion. Une fois établi, vous devez envoyer, tous les ans, votre compte de gestion, accompagné des pièces justificatives, au directeur des services de greffe judiciaire du tribunal d'instance en vue de sa vérification *(art. 511 du Code civil).* Si un subrogé tuteur a été nommé, vous devez lui fournir le compte pour qu'il le vérifie, et c'est lui qui l'envoie avec ses observations au directeur. Ce dernier peut approuver le compte ou, s'il refuse, dresser un rapport de difficultés rencontrées qu'il transmet au juge, qui statue à son tour sur la conformité du compte. Certaines personnes peuvent être désignées pour vérifier et approuver les comptes à la place du directeur : le conseil de famille, lorsque le juge l'a autorisé à délibérer sans lui (si le tuteur est un mandataire judiciaire à la protection des majeurs, voir p. 140) ; le subrogé tuteur, quand il y en a un ; un technicien (expert-comptable…), si les ressources de la personne protégée le permettent, et si l'importance et la composition de son patrimoine le justifient *(art. 513 du Code civil).* Le décret n° 2011-1470 du 8 novembre 2011 a ouvert la possibilité aux greffiers, lorsqu'ils l'estiment utile, de se faire assister par un huissier de justice pour vérifier les comptes de tutelle. Là encore, le recours à ce professionnel n'a lieu que si les ressources de la personne protégée le permettent (les frais lui incombent). L'huissier est rémunéré selon un barème forfaitaire tenant compte de l'importance des mouvements sur le compte. La personne protégée ainsi que le tuteur sont informés de cette délégation. En cas de désaccord, ils peuvent le faire savoir au juge des tutelles, qui tranche.

De nouvelles modalités d'approbation des comptes. Auparavant, une fois le compte de gestion établi, vous deviez l'envoyer, tous les ans, accompagné des pièces justificatives, au directeur des services de greffe judiciaire du tribunal d'instance en vue de sa vérification. La loi du 23 mars 2019 est venue modifier les choses. Désormais, les comptes de gestion des majeurs protégés doivent être vérifiés et approuvés annuellement soit par le subrogé tuteur, s'il en a été nommé un, soit par le conseil de famille. Le principe est celui d'un contrôle gratuit. Si plusieurs tuteurs ont été nommés, les comptes annuels de gestion doivent être signés par chacun d'eux ce qui vaut approbation. En cas de difficultés le juge statue sur la conformité des comptes à la requête de l'un d'eux *(art. 512 alinéa 1 du Code civil).*

Les pouvoirs du majeur sous tutelle

QUI PEUT AGIR ?	POUR QUELS TYPES D'ACTES ?
Le majeur **seul**	> prendre les décisions relatives à sa personne si son état le permet *(art. 459 du Code civil)* ; > révoquer un testament fait avant ou après l'ouverture de la tutelle *(art. 476)* ; > déclarer la naissance d'un enfant, le reconnaître, accomplir les actes de l'autorité parentale, choisir ou changer le nom d'un enfant et consentir à l'adoption *(art. 458)* ; > se marier en ayant préalablement informé le tuteur du projet *(art. 460)* ; > décider de se pacser, déclarer conjointement et rompre conjointement ou unilatéralement un Pacs *(art. 462)*.
Le majeur **avec l'assistance du tuteur**	> prendre tout ou partie des décisions relatives à sa personne, si son état ne lui permet pas de les prendre seul *(art. 459)* ; > signer une convention de Pacs, signifier sa rupture unilatérale *(art. 462)*.
Le majeur, **avec autorisation du juge ou du conseil de famille**	> rédiger un testament après l'ouverture de la tutelle. Le tuteur ne peut ni l'assister ni le représenter à cette occasion *(art. 476)*.
Le tuteur en représentation du majeur	En principe, tous les actes de la vie civile : > faire les actes conservatoires (voir p. 149) et les actes d'administration (voir p. 149) nécessaires à la gestion du patrimoine *(art. 504)* ; > représenter le majeur dans toute action en justice *(art. 475)* ; > liquider les droits et obligations résultant du Pacs rompu *(art. 462)* ; > accepter une succession à concurrence de l'actif net ou l'accepter purement et simplement si l'actif dépasse manifestement le passif *(art. 507-1)* ; > prendre tout ou partie des décisions relatives à la personne du majeur, si son état ne lui permet pas de les prendre, et si une simple assistance ne suffit pas, y compris pour les actes ayant pour effet de porter gravement atteinte à son intégrité corporelle *(art. 459)*.
Le tuteur, avec l'autorisation du **conseil de famille ou du juge**	> sauf urgence, prendre toute décision susceptible de porter gravement atteinte à l'intimité de sa vie privée *(art. 459)* ; > rompre unilatéralement un Pacs, à l'initiative du tuteur, après audition du majeur et, le cas échéant, avis des parents et de l'entourage *(art. 462)* ; > agir en justice pour faire valoir les droits liés à la personne du majeur *(art. 475)* ; > consentir une donation. Le juge ou le conseil de famille peut autoriser le majeur à conclure lui-même la donation, avec la seule assistance du tuteur *(art. 476)* ; > faire des actes de disposition (voir p. 149) *(art. 505)* ; > signer une transaction ou un compromis *(art. 506)* ; > accepter purement et simplement une succession si l'actif net ne dépasse pas manifestement le passif ou y renoncer *(art. 507-1)*.

En l'absence de désignation d'un subrogé tuteur, d'un co-tuteur, d'un tuteur adjoint ou d'un conseil de famille, le juge désigne un professionnel qualifié (huissier de justice, notaire, commissaire aux comptes) chargé de la vérification et de l'approbation des comptes (sauf dispense si le patrimoine de la personne protégée est de faible importance, voir ci-dessus).
A l'inverse, lorsque l'importance et la composition du patrimoine de la personne protégée le justifient, le juge peut, dès réception de l'inventaire et du budget prévisionnel, désigner un professionnel qualifié chargé de la vérification et de l'approbation des comptes *(art. 512 alinéa 2 du Code civil).*

Le logement du majeur est protégé

En tant que tuteur, vous devez veiller à ce que le logement de votre protégé (résidence principale ou secondaire) soit conservé à sa disposition aussi longtemps que possible. Il en est de même pour les meubles le garnissant *(art. 426 du Code civil).* Si vous estimez que le majeur serait mieux dans un établissement spécialisé, vous devez requérir l'avis d'un médecin. Depuis la loi n° 2015-177 du 16 février

Le sort des actes passés par le majeur peu avant la tutelle

La loi considère les actes passés par le majeur peu de temps avant l'ouverture de la tutelle, donc dans une période « suspecte » quant à ses facultés mentales, comme valables, mais fragiles. Ainsi, les actes passés moins de deux ans avant un jugement d'ouverture d'une tutelle peuvent être facilement attaqués en « réduction » (voir chapitre 5, *art. 464 du Code civil*). Le juge n'annulera pas l'acte, mais le rééquilibrera, par exemple si le majeur a payé plus qu'il ne devait lors d'un achat. Le majeur sous tutelle devra seulement prouver que son inaptitude à défendre ses intérêts était notoire ou connue du cocontractant lorsque les actes ont été passés. L'action doit être introduite dans les cinq ans de la date du jugement d'ouverture de la tutelle. Bien sûr, il est toujours possible de demander la nullité de l'acte, mais il faut alors prouver l'existence d'un préjudice.

2015, il n'est toutefois plus nécessaire de solliciter un médecin agréé inscrit sur la liste établie par le procureur de la République. Désormais, l'avis médical de tout médecin suffit (hors ceux exerçant dans l'établissement d'hébergement). Si vous deviez vous résoudre, dans l'intérêt de la personne protégée, à vendre son logement (ou ses meubles), à le louer, ou à résilier son bail, cet acte doit être autorisé par le juge des tutelles ou par le conseil de famille s'il a été constitué. Dans tous les cas, précise la loi, les souvenirs, les objets à caractère personnel, tous ceux qui lui sont indispensables (s'il est handicapé, par exemple), ou ceux destinés aux soins du majeur, doivent être gardés à la disposition de l'intéressé, le cas échéant par l'établissement qui l'héberge.

Les pouvoirs du majeur sous tutelle

En principe, un majeur sous tutelle est assisté de son tuteur dans tous les actes de la vie civile. Par exception, la loi l'autorise à agir lui-même dans certains cas (voir tableau p. 155). En tout état de cause, le juge peut toujours énumérer, lors de l'ouverture de la tutelle ou plus tard, certains actes que le majeur aura la capacité de faire seul ou avec l'assistance du tuteur *(art. 473, al. 2 du Code civil)*. Cette disposition lui permet d'individualiser au mieux la mesure en fonction de la lucidité de la personne protégée.

> + Les actes réalisés de façon irrégulière **peuvent être annulés** dans un délai de cinq ans.

Si l'acte a été passé par le majeur seul alors qu'il devait le passer avec l'assistance du tuteur, il ne peut être annulé que si le majeur a subi un préjudice. Dans tous les autres cas, si l'acte n'a pas été passé dans les conditions légales, il est automatiquement nul.

Notez que le tuteur a l'interdiction d'accomplir certains actes même avec une autorisation *(art. 509 du Code civil)*. Il s'agit des actes suivants :

- aliéner à titre gratuit les biens ou les droits du majeur (hors donation) : remise de dettes, renonciation gratuite à un droit acquis, renonciation anticipée à l'action en réduction, mainlevée d'hypothèque ou de garantie sans paiement, constitution gratuite d'une servitude ou d'une garantie pour assurer la dette d'un tiers ;

- acquérir d'un tiers un droit ou une créance que ce dernier détient contre le majeur (rachat de créance) ;
- exercer un commerce ou une profession libérale au nom de la personne protégée ;
- acheter les biens du majeur protégé, les prendre à bail ou à ferme (sauf exception autorisée par le juge ou le conseil de famille) ;
- transférer dans un patrimoine fiduciaire les biens ou droits du majeur protégé (contrat permettant de faire gérer les biens de la personne protégée par un tiers de confiance).

La fin de la tutelle

La loi réformant la protection a élargi les cas dans lesquels une mesure de tutelle prend fin. En tout état de cause, le tuteur est alors soumis à une obligation de reddition de comptes.

Les causes de cessation de la tutelle

La tutelle peut prendre fin pour quatre motifs : suite à un jugement de mainlevée, à l'arrivée de son terme, en cas d'éloignement géographique de la personne vulnérable ou en cas de décès de l'intéressé *(art. 443 du Code civil)*.

Le jugement de mainlevée

Pour demander au juge des tutelles la mainlevée (c'est-à-dire l'arrêt) de la mesure de tutelle, plusieurs conditions doivent être réunies. Il faut, tout d'abord, que la cause qui a déterminé la mesure de protection ait cessé. Hormis l'hypothèse de l'éloignement géographique « le juge des tutelles ne peut donner mainlevée d'une mesure de protection juridique des majeurs que s'il constate que les causes ayant justifié son ouverture ont disparu » *(avis de la Cour de cassation du 13.4.2015, n° 15004)*. Si vous êtes l'auteur de la demande de mainlevée, vous devez ainsi expliquer en quoi l'état de la personne protégée s'est amélioré, et surtout pourquoi, selon vous, la tutelle n'est plus justifiée. Vous devez ensuite joindre à votre demande un certificat médical qui atteste de l'évolution positive des facultés mentales ou corporelles du majeur protégé. Il faut, en outre, que la personne protégée soit entendue par le juge, si toutefois cela est possible. Elle peut être accompagnée d'un avocat. Enfin, le juge devra recueillir l'avis de la personne chargée de la mesure de protection, dans le cas où elle n'aurait pas elle-même fait la demande de mainlevée. Les personnes qui peuvent demander la mainlevée (ou simplement la modification) de la mesure de tutelle sont les mêmes que celles qui peuvent en demander l'ouverture *(art. 442 du Code civil)*.

> **+** La décision peut intervenir au moment de la **révision de la mesure** mais également à tout moment.

La mainlevée prend la forme d'un jugement qui sera transmis au répertoire civil afin que la mention de l'existence d'une mesure de protection soit immédiatement supprimée.

L'arrivée du terme

La mesure de tutelle prend fin à l'expiration du délai fixé initialement par le juge des tutelles. Rappelons que la tutelle ne peut durer plus de cinq ans (parfois dix ans si les facultés de la personne protégée ne sont pas susceptibles de connaître une amélioration selon les données acquises de la science). La mesure est renouvelable pour la même durée ou une durée plus longue s'il semble à peu près certain que les facultés du majeur protégé ne pourront s'améliorer (la durée ne peut toutefois pas excéder vingt ans). Au terme de cette durée, si aucune autre mesure de protection n'est prononcée par le magistrat, la personne vulnérable retrouve sa pleine capacité juridique *(art. 443, al. 1er du Code civil).* Afin que les tiers soient informés du retour du majeur à sa pleine capacité, le Code de procédure civile *(art. 1233)* prévoit que le greffe du tribunal d'instance, saisi par tout intéressé, en avise le greffe du TGI (dans le ressort duquel est né le majeur protégé) qui fait modifier le répertoire civil et le fait apparaître en marge de son acte de naissance.

L'éloignement géographique

Lorsque la personne protégée réside hors du territoire national, et que cet éloignement empêche le suivi et le contrôle imposés par

Le délai de prescription pour agir contre le tuteur

Une action en reddition de comptes, en revendication d'un bien conservé par le tuteur, ou en paiement d'une somme perçue par le tuteur peut être menée contre lui par la personne protégée ou ayant été protégée, ou par ses héritiers. Ces actions se prescrivent par cinq ans à compter de la fin de la mesure, même si le tuteur a continué la gestion après la fin de la tutelle *(art. 515 du Code civil).* Si des actes sont accomplis par l'ex-tuteur après la fin de la mesure, ils engagent donc sa responsabilité dans les conditions de droit commun.

les règles relatives à la tutelle, le juge peut faire cesser la mesure *(art. 443, al. 2 du Code civil)*. En pratique, cela concerne surtout les tuteurs professionnels qui ne parviennent plus à mener à bien leur mission, faute de réussir à joindre le majeur protégé.

Le décès de la personne protégée

La loi n° 2007-308 du 5 mars 2007 précise que le décès du majeur sous tutelle entraîne la fin de la mesure. Cela peut paraître une évidence mais, en pratique, ce n'en était pas une. Il arrivait, en effet, qu'après le décès de la personne protégée, le tuteur organise ses obsèques et clôture ses comptes en banque, à la place des héritiers. Depuis le 1er janvier 2009, une telle pratique ne devrait plus être possible. S'il agissait ainsi, l'ex-tuteur serait considéré comme faisant de la gestion d'affaires, avec les conséquences qui s'y attachent (il ne serait pas rémunéré…, chapitre 1).

La reddition de compte en fin de mesure

Lorsque la tutelle prend fin, pour quelque cause que ce soit, le tuteur établit un compte de gestion des opérations intervenues depuis l'établissement du dernier compte annuel, et le soumet à la vérification et à l'approbation. Comme pour les autres comptes de gestion, celui-ci doit être transmis au subrogé tuteur lorsqu'il en a été nommé un, ou au conseil de famille. Si plusieurs tuteurs ont été nommés, le compte de gestion doit être signé par chacun d'eux ce qui vaut approbation. En l'absence de désignation d'un subrogé tuteur, d'un co-tuteur, d'un tuteur adjoint ou d'un conseil de famille, la vérification et l'approbation du compte est effectué par le professionnel désigné par le juge *(art. 514 du Code civil)*. Dans tous les cas, dans les trois mois qui suivent la fin de sa mission, le tuteur remet une copie des cinq derniers comptes de gestion et du compte des dernières opérations intervenues depuis : à la personne qui était

> **+** Le tuteur doit également **remettre les pièces nécessaires** pour continuer la gestion de la tutelle ou assurer la liquidation de la succession si la personne protégée est décédée, ainsi que l'inventaire initial du patrimoine et les actualisations.

protégée si elle a retrouvé ses capacités ; à la personne nouvellement chargée de la mesure de gestion ; aux héritiers de la personne protégée en cas de décès.

ANNEXES

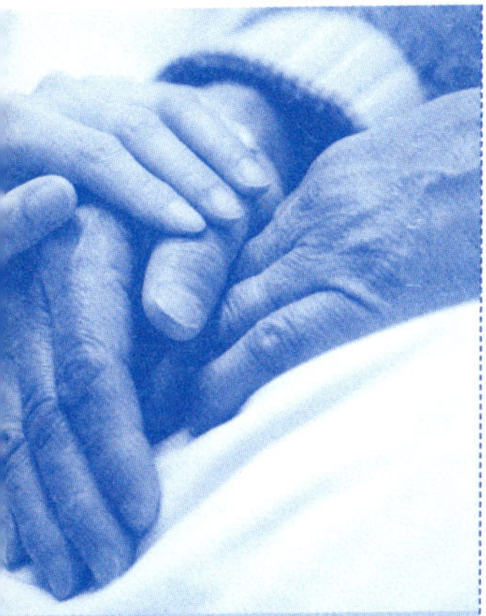

Modèles

Mandat

Vous pouvez le rédiger par acte sous seing privé sur papier libre, à la main ou dactylographié, ou le faire établir par acte notarié quand ce formalisme est exigé.

Je soussigné*(e)*, …… *(nom, prénom)*, demeurant …… *(adresse du mandant)*, né*(e)* le …… à …… *(date et lieu de naissance)*, donne mandat à ……, *(préciser le lien de parenté)*, demeurant …… *(adresse du mandataire)*, né*(e)* le …… à …… *(date et lieu de naissance)*, pour

Mandat général
gérer l'ensemble de mes affaires courantes pendant …………….. *(indiquer une durée)*.
Un compte de gestion devra m'être remis …… *(préciser les modalités : chaque année, au terme du mandat…)*.

OU

Mandat spécial
me représenter et voter à l'assemblée générale de copropriété du …… *(adresse de l'immeuble)* qui se tiendra le …… *(date)*. *(Précisez exactement la raison du mandat)*.

Fait à ……, le ……

Le mandant *Signature*	Le mandataire *Signature précédée de la mention manuscrite « Bon pour acceptation »*

Procuration bancaire

M./Mme ………….. *(votre nom)*
né*(e)* le ….. à…………
demeurant…………… *(adresse de votre domicile fiscal)*
désigné*(e)* ci-après « le *(la)* mandant » ;

donne pouvoir à

M./Mme………… *(nom)* ;
né*(e)* le……. à……….
demeurant ………… *(adresse de son domicile fiscal)*
désigné*(e)* ci-après « la mandataire » ;

sur les comptes /produits indiqués ci-après : ************9965 *(numéro de compte courant)* pour moi et en mon nom, de faire tous les actes d'administration, notamment :
- effectuer tout versement et retrait de fonds à tout moment ;
- décider de l'option fiscale afférente aux revenus échus ou à échoir ;
- signer, souscrire, endosser et acquitter tout reçu, billet, mandat, chèque et autres effets de commerce ;
- émettre tout virement ;
- recevoir toute somme de quelque titre que ce soit et en donner valablement quittance ;
- approuver tout règlement de compte.

La présente procuration est valable jusqu'à révocation expresse notifiée, par le mandant ou le mandataire, à l'agence gestionnaire du *(des)* compte*(s)*, soit par déclaration écrite au guichet, soit par lettre recommandée avec accusé de réception.

Fait à…….., le….

Signature du mandant précédée de la mention « Bon pour pouvoir »	*Signature du mandataire précédée de la mention « Bon pour acceptation »*	*Signature du conseiller bancaire*

Procuration pour agir en cas d'abus de faiblesse

Procuration aux fins d'annulation de ma commande n° ....

Je soussigné*(e)* Monsieur *(ou Madame)*......... *(nom du signataire qui s'est engagé dans l'acte d'achat)*, demeurant ...., né*(e)* le..........., donne procuration à Monsieur *(ou Madame)*......... *(lien de parenté éventuel)*, né*(e)* le .... et demeurant ...., pour annuler sur le fondement de l'abus de faiblesse ou de l'abus de vulnérabilité *(précisez votre cas)* la commande de meubles que la société .... m'a fait signer le.............. pour un montant de .... €.

Fait à ...., le ....

Le mandant *(la personne vulnérable)* Le mandataire *(la personne mandatée)*

Signature (précédée de la mention « Bon pour acceptation »)

Demande d'annulation de commande pour abus de faiblesse

Vos coordonnées

Coordonnées du vendeur
Lieu et date

Commande n° : ....

Objet : Demande d'annulation de commande

Madame, Monsieur,

Je suis le fils *(la fille)* de Mme .... qui demeure au .... *(adresse)*. Je vous écris au sujet de la commande de meubles que ma mère a signée le............ *(date)* et pour laquelle elle vous a remis un chèque d'acompte de .... €. Cette commande a été souscrite au cours d'une visite qu'elle effectuait dans votre magasin afin de récupérer un cadeau que vous lui aviez attribué lors de votre appel téléphonique du ....
Or, ma mère est âgée de 87 ans et prend, depuis la mort de mon père il y a quelques mois, différents traitements médicaux et, notamment, des antidépresseurs. En outre, ses revenus mensuels s'élèvent environ à .... €, pour une commande d'un montant de .... €. En conséquence, je considère que la commande qu'elle a passée est nulle parce que ma mère a été victime d'un abus de faiblesse ou d'un abus de vulnérabilité *(précisez votre cas)*.

1er cas :
Je vous rappelle qu'en vertu de l'article L. 132-14 du Code de la consommation, l'abus de faiblesse est puni d'une peine d'amende de 375 000 € et/ou d'une peine de prison pouvant aller jusqu'à trois ans. Le montant de l'amende pouvant être porté à 10 % du chiffre d'affaires professionnel.

OU

2e cas :
Je vous rappelle qu'en vertu de l'article 223-15-2 du Code pénal, l'abus de vulnérabilité est puni d'une peine d'amende de 375 000 € et de trois ans d'emprisonnement. En conséquence, je vous demande d'annuler cette commande et de restituer l'acompte de .... € que ma mère vous a versé. En l'absence de restitution de cette somme dans un délai de .... jours, j'aviserai la DDPP de votre agissement. En outre, je me réserve la possibilité de porter plainte auprès du procureur de la République. Je joins à la présente une copie du bon de commande ainsi qu'une copie de l'ordonnance médicale de ma mère.

Je vous prie d'agréer, Madame, Monsieur, l'expression de mes salutations distinguées.

Signature

Demande de dossier de mise sous tutelle

Vos coordonnées

Greffe du tribunal d'instance
Date et lieu

Objet : Demande de dossier de mise sous tutelle ou curatelle

Madame, Monsieur,

Ma mère actuellement âgée de 88 ans est entrée en maison de retraite le .... *(date)* à .... *(adresse)*. Elle est totalement dépendante et paralysée suite à .... *(précisez votre cas)*. Depuis plusieurs années, j'ai procuration sur ses comptes et livrets. En accord avec elle, nous voudrions que la gestion de ses affaires se fasse de manière plus transparente.

C'est pourquoi je sollicite de votre part l'envoi d'un dossier de mise sous tutelle, avec notamment la liste des médecins habilités à constater l'altération de ses capacités et les conséquences de cette altération sur la nécessité pour ma mère d'être assistée ou représentée dans les actes de la vie.

Vous remerciant par avance de votre diligence, je vous prie de croire, Madame, Monsieur, en l'assurance de ma considération distinguée.

Signature

Lettre avisant un organisme de la mesure de protection

Vos coordonnées

Coordonnées de l'organisme
Date et lieu

Objet : Information de la mise en place d'une mesure de protection

Madame, Monsieur,

Je soussigné*(e)* ……………… *(nom de la personne habilitée, du tuteur ou du curateur)*, demeurant…………….. *(adresse)* vous informe que par jugement en date du …………, le tribunal d'instance de ………. *(lieu)* m'a confié l'exercice d'une mesure de …………..*(habilitation familiale, tutelle ou curatelle, précisez votre cas)* au bénéfice de M/Mme ……………….. *(nom, prénom du majeur protégé).*
Vous trouverez ci-joint :
- une copie du jugement me nommant représentant de cette personne ;
- un justificatif d'identité et de domicile me concernant.
Agissant en qualité de …… *(personne habilitée, tuteur, curateur, précisez)*, je vous prie de bien vouloir me faire expédier tout courrier concernant M/Mme………………………… à l'adresse suivante : ………..
………………………………………………………………………………
Vous remerciant par avance, je vous prie d'agréer, Madame, Monsieur, mes sincères salutations.

Signature

Acte d'administration

Un acte d'administration s'effectue dans un but de gestion normale d'un patrimoine. Il s'agit d'en conserver la valeur en le faisant fructifier, sans porter atteinte au capital du patrimoine en question. Les actes d'administration recouvrent, notamment, les réparations d'entretien courant, le paiement des dépenses courantes, la souscription des contrats d'assurance obligatoires…

Acte conservatoire

Un acte conservatoire est une opération nécessaire et urgente destinée à prévenir la dégradation ou la perte d'un bien ou d'un droit. Les actes conservatoires permettent de maintenir en état le patrimoine d'une personne. Il s'agit, par exemple, de l'accomplissement de gros travaux ou de réparations urgentes, du renouvellement d'une inscription hypothécaire, de l'interruption d'un délai de prescription…

Acte de disposition

Un acte de disposition est une opération particulièrement importante car elle modifie le patrimoine d'une personne. Parmi les actes de disposition les plus courants, on trouve, notamment, la vente d'un bien immobilier, la résiliation d'un bail d'habitation, la souscription d'un emprunt, l'acceptation pure et simple d'une succession ou encore le partage d'une succession…

Action en nullité pour trouble mental

Action en justice permettant de faire annuler un acte passé par une personne souffrant d'un trouble mental. Celui qui intente l'action doit prouver que la personne vulnérable n'était pas saine d'esprit lorsqu'elle a passé l'acte. Le trouble mental ne doit donc pas être postérieur à l'acte en question.

Action en réduction pour excès

Action en justice qui vise le cas où l'acte passé par le majeur protégé ne présente aucun intérêt pour lui. Ou encore le cas où cet acte est dispendieux ou disproportionné par rapport à ses possibilités financières. La sanction de l'action n'est pas l'annulation de l'acte excessif, mais sa modification dans un sens plus favorable au majeur protégé.

Altération des facultés

La loi définit l'altération des facultés mentales ou corporelles d'une personne comme un affaiblissement qui l'empêche de pourvoir seule à ses intérêts. Elle est une condition imposée par la loi pour justifier le placement d'une personne sous un régime de protection juridique (sauvegarde de justice, tutelle, curatelle…). L'altération des facultés corporelles ne suffit pas pour placer un majeur sous protection : elle doit empêcher l'intéressé d'exprimer sa volonté. Dans tous les cas, la gravité de l'altération doit obligatoirement être constatée dans un certificat médical circonstancié. Il faut que ce dernier émane d'un médecin figurant sur une liste officielle.

Capacité juridique

On distingue deux degrés dans la capacité juridique. La capacité de jouissance, d'une part, est l'aptitude à avoir des droits et des obligations. La capacité d'exercice, d'autre part, est l'aptitude à les exercer soi-même.

Conseil de famille

Le conseil de famille peut être mis en place par le juge des tutelles dans le cadre d'une tutelle, si l'importance du patrimoine de la personne protégée le justifie, et si la composition familiale le permet. Il est, en effet, composé de membres de la famille de la personne protégée. Le conseil de famille exerce certaines des missions normalement dévolues au juge des tutelles, comme la désignation du tuteur et du subrogé tuteur, l'élaboration du budget de la tutelle et l'autorisation donnée au tuteur pour accomplir certains actes importants, comme les actes de disposition. Le conseil de famille fonctionne en présence du juge des tutelles, sauf si le tuteur ou le subrogé tuteur est un mandataire judiciaire à la protection des majeurs.

Curatelle

C'est un régime intermédiaire de protection des majeurs, se situant entre la sauvegarde de justice et la tutelle. Dans ce régime, le majeur protégé est en état d'agir par lui-même. Cependant, il doit être assisté et contrôlé par un curateur dans les actes les plus importants, comme les actes de disposition (vente d'un bien...). Le juge des tutelles peut augmenter ou, au contraire, réduire la marge de manœuvre de la personne protégée. Dans ce dernier cas, on parle de curatelle renforcée.

Curatelle renforcée

Curatelle dans laquelle le juge des tutelles a confié au curateur le pouvoir de percevoir seul les revenus de la personne en curatelle et de régler ses dépenses. Le curateur renforcé peut aussi se voir confier le pouvoir de conclure un bail d'habitation au nom du majeur protégé.

Curateur

Personne nommée par le juge des tutelles pour assister et contrôler le majeur placé sous curatelle. Le majeur protégé ne peut, notamment, faire certains actes importants, comme les actes de disposition, sans l'assistance de son curateur (le curateur appose sa signature sur l'acte à côté de celle de la personne protégée). En revanche, le curateur ne peut pas agir à la place du majeur protégé, sauf avec l'autorisation du juge des tutelles. Le juge doit, de préférence, nommer le curateur parmi les proches de la personne protégée (en priorité, le conjoint ou le partenaire de Pacs). S'il n'existe aucun proche susceptible de remplir cette fonction, un mandataire judiciaire à la protection des majeurs peut être désigné.

Curateur à la personne

Curateur ou tuteur spécialement chargé de la protection de la personne vulnérable. La désignation d'un curateur ou d'un tuteur à la personne est facultative pour le juge des tutelles.

Curateur ad hoc

Ad hoc signifie ici « pour accomplir un acte précis ». C'est donc une personne qui peut être nommée par le juge des tutelles pour accomplir un acte que le curateur n'a pas le pouvoir d'accomplir. Un subrogé curateur peut aussi être désigné en cas de conflit d'intérêts entre le curateur et le majeur protégé. La désignation d'un curateur ad hoc peut intervenir à la demande du curateur lui-même, du procureur de la République ou de tout intéressé, voire d'office par le juge des tutelles.

Curateur aux biens

Curateur ou tuteur spécialement chargé de la protection des biens de la personne, de la gestion de son patrimoine. La désignation d'un curateur ou d'un tuteur aux biens est facultative pour le juge des tutelles.

Gestion d'affaires

Immixtion dans les affaires d'autrui en dehors de toute obligation légale ou conventionnelle. En principe, cette intervention spontanée est réalisée dans l'intérêt de la personne à protéger, à son insu, ou du moins, sans opposition de sa part. En général, l'intervention sera le fait d'un proche (famille, ami...), mais un tiers (voisin...) peut aussi intervenir. Il peut s'agir, par exemple, de faire appel à un plombier dans la maison d'une personne hospitalisée ou de payer une facture d'eau ou d'électricité, afin d'éviter une coupure. Lorsque l'intervention était utile, la personne protégée est tenue de remplir les engagements pris par son représentant spontané (payer une facture pour des travaux engagés, par exemple) et de l'indemniser des dépenses nécessaires qu'il a pu engager dans son intérêt.

Habilitation familiale

Nouveau dispositif permettant à un proche (ascendant, descendant, frère, sœur, conjoint, partenaire de Pacs ou concubin) de demander l'autorisation du juge pour être habilité à représenter une personne hors d'état de manifester sa volonté ou à passer un ou plusieurs actes en son nom. Elle est dite spéciale quand elle porte sur un ou plusieurs actes relatifs aux biens ou à la personne du majeur protégé. Elle peut être générale si l'intérêt de la personne l'exige, dès lors elle porte sur l'ensemble des actes patrimoniaux et/ou personnels. Cette mesure nécessite un consensus familial tant sur la mise en place de la mesure que sur le choix de la personne habilitée.

Incapacité juridique

On distingue deux types d'incapacité. L'incapacité de jouissance empêche d'acquérir un droit et ne frappe que certaines personnes pour des actes précis. Ainsi, les personnes condamnées à perpétuité ne peuvent recevoir des donations. L'incapacité d'exercice est plus fréquente, elle empêche la personne, non pas d'acquérir, mais d'exercer elle-même ses droits et obligations (mineur, majeur sous tutelle ou sous curatelle).

Juge des tutelles

Magistrat du tribunal d'instance, il est spécialement chargé d'encadrer les mesures de protection des majeurs vulnérables, comme l'habilitation familiale, la sauvegarde de justice, la curatelle ou la tutelle. Le juge des tutelles est compétent pour décider de la mise en place de la mesure. Il peut aussi la faire évoluer ou y mettre fin.

Mainlevée

Décision par laquelle le juge des tutelles interrompt les effets d'une décision antérieure avant son terme prévu. Exemple : alors qu'une procédure de sauvegarde de justice a été prévue pour une durée d'un an, le juge peut en décider la mainlevée avant cette échéance s'il estime que la protection du majeur n'est plus nécessaire.

Mandant

Personne qui donne pouvoir à une autre personne (le mandataire) de la représenter dans le cadre d'un mandat.

Mandat

Acte par lequel une personne (le mandant) donne pouvoir à une autre (le mandataire), qui l'accepte, de faire quelque chose pour elle et en son nom. Le mandataire peut être chargé d'une mission spécifique, par exemple payer les factures courantes, encaisser des loyers, vendre un bien... Le mandat peut aussi être général et conférer au mandataire un pouvoir global de gestion.

Mandat à effet posthume

Contrat par lequel toute personne confie à un ou plusieurs mandataires la mission d'administrer ou de gérer tout ou partie de sa succession à venir, pour le compte et dans l'intérêt d'un ou de plusieurs héritiers.

Mandat de protection future
Contrat qui permet à une personne (appelée le mandant) de désigner à l'avance quelqu'un (appelé le mandataire) qu'elle souhaite voir veiller sur ses intérêts, le jour où elle ne pourra plus le faire elle-même. Il est possible d'établir un mandat de protection future pour soi-même ou bien pour protéger un enfant handicapé. Dans ce cas, on parle de mandat de protection future pour autrui.

Mandataire
Personne choisie par une autre (le mandant) pour la représenter dans le cadre d'un mandat ou d'une procuration.

Mandataire judiciaire à la protection des majeurs (MJPM)
Professionnel qui peut être choisi pour être curateur ou tuteur d'une personne majeure protégée, lorsqu'il n'existe pas de proche pouvant exercer une telle mission. Pour être mandataire judiciaire, il faut être agréé par le préfet, après avis et enquête du procureur de la République. Lorsque la personne vulnérable est hébergée ou soignée dans un établissement de santé ou dans un établissement médico-social, le MJPM peut être une personne ou un service de l'établissement.

Mandataire spécial
Personne qui peut être désignée par le juge des tutelles dans le cadre d'une mesure de sauvegarde de justice. Il s'agit, en principe, d'un proche du majeur protégé. Le mandataire spécial a pour mission d'accomplir certains actes nécessaires à la bonne gestion du patrimoine du majeur sous protection. Depuis le 1er janvier 2009, le mandataire spécial peut se voir confier la réalisation d'un acte de disposition. Il peut également être chargé d'une mission de protection de la personne vulnérable.

Médecin agréé
C'est un médecin inscrit sur une liste officielle établie par le procureur de la République, auquel il est nécessaire de s'adresser pour faire établir un certificat attestant que l'état d'une personne justifie la mise en place d'une mesure de protection. La liste des médecins agréés est disponible dans les tribunaux d'instance.

Mesure d'accompagnement judiciaire (Maj)
La Maj est une mesure judiciaire dont le but est d'aider une personne incapable de gérer correctement ses ressources, et dont la santé ou la sécurité se trouve compromise. La Maj est mise en place par le juge des tutelles, sur demande du procureur de la République. Le juge désigne un mandataire judiciaire à la protection des majeurs. Ce professionnel est chargé de gérer tout ou partie des prestations sociales de la personne vulnérable, dans l'intérêt de cette dernière. Une Maj peut être prise en même temps qu'une mesure de sauvegarde de justice. En revanche, elle ne peut pas se cumuler avec une tutelle ou une curatelle. La Maj est destinée à remplacer l'ancienne tutelle aux prestations sociales adultes (TPSA).

Mesure administrative d'accompagnement social personnalisé (Masp)
La Masp est une mesure d'accompagnement administrative préalable à la mise en œuvre d'une mesure d'accompagnement judiciaire (Maj). La Masp peut concerner toute personne majeure qui perçoit des prestations sociales, et dont la santé ou la sécurité est menacée par les difficultés qu'elle éprouve à gérer seule ses ressources. Elle a deux finalités : une aide à la gestion et un accompagnement personnalisé du majeur concerné. La Masp peut être proposée par un travailleur social d'un centre

communal d'action sociale, d'un organisme d'HLM… voire être sollicitée par l'intéressé lui-même. Elle prend la forme d'un contrat conclu entre la personne vulnérable et le département.

Personne habilitée

Personne nommée par le juge des tutelles pour représenter le majeur faisant l'objet d'une habilitation familiale. Il peut avoir été autorisé à accomplir certains actes déterminés ou avoir reçu une habilitation générale. Dans ce cas, il agit au quotidien à la place du majeur protégé. Ce dernier perd l'exercice de l'ensemble des droits qui ont été confiés à la personne habilitée. Il peut tout de même continuer à prendre seul quelques décisions relatives à sa personne (choix de son lieu de résidence, reconnaissance d'un enfant…). La personne habilitée agit en principe sans avoir à demander l'autorisation préalable du juge. Ses pouvoirs sont très étendus. Seuls quelques actes nécessitent le recours au juge.

Répertoire civil

Fichier détenu par le greffe du tribunal de grande instance. Sur ce fichier sont, notamment, mentionnées les décisions de mise sous curatelle ou sous tutelle, ainsi que les jugements d'ouverture d'habilitation familiale générale. La mention d'inscription au répertoire civil est ensuite portée sur l'acte de naissance du majeur protégé. Les tiers peuvent ainsi être avertis de l'existence de la mesure de protection. Ils peuvent ainsi éviter de passer un contrat avec une personne qui n'aurait pas le droit d'agir seule.

Rescision pour lésion

Action en justice qui permet à un majeur placé sous sauvegarde de justice d'obtenir la rescision, c'est-à-dire l'annulation d'un engagement qu'il a pris à des conditions désavantageuses. Par exemple, il a vendu un bien immobilier très au-dessous de sa valeur réelle. Il suffit qu'il y ait un déséquilibre entre les prestations de chaque partie, au détriment du majeur protégé. Il n'est aucunement nécessaire d'établir que l'acte contesté a été passé sous l'emprise d'un trouble mental. Il faut seulement rapporter la preuve d'une lésion. La sanction est l'annulation de l'acte.

Sauvegarde de justice

C'est la mesure de protection des majeurs la plus légère, par rapport à la curatelle et à la tutelle. La personne protégée conserve l'essentiel de sa capacité juridique. Les actes et engagements qu'elle prend peuvent être annulés ou modifiés a posteriori, s'ils lui sont défavorables, par le biais d'une action en rescision pour lésion ou en réduction pour excès. La sauvegarde de justice est principalement adaptée à la protection d'une personne atteinte d'une altération momentanée de ses facultés mentales ou physiques, à la suite d'un accident, d'une hospitalisation… Mais elle peut aussi être décidée dans l'attente d'un placement sous curatelle ou tutelle.

Subrogé curateur

Personne qui peut être nommée par le juge des tutelles pour assister et surveiller le curateur dans son travail. Il s'agit, en principe, d'un proche. Le subrogé curateur doit notamment informer le juge des tutelles, s'il découvre qu'une faute a été commise par le curateur dans l'exercice de sa mission. Il peut aussi remplacer le curateur en cas de conflit d'intérêts entre celui-ci et le majeur protégé.

Subrogé tuteur

Personne qui peut être nommée par le conseil de famille ou par le juge des tutelles pour assister et surveiller le tuteur dans son travail. Il s'agit, en principe, d'un proche. Le subrogé tuteur doit, notamment, vérifier les comptes du tuteur et informer le juge des tutelles s'il découvre une faute commise par le tuteur dans l'exercice de sa mission. Il peut aussi remplacer le tuteur en cas de conflit d'intérêts entre celui-ci et le majeur protégé.

Tutelle

C'est le régime de protection le plus contraignant, par rapport à la sauvegarde de justice et la curatelle. La personne placée sous tutelle perd l'exercice de la quasi-totalité de ses droits. Elle est représentée par un tuteur, qui agit à sa place dans la plupart des actes de la vie civile.

Tutelle allégée

Tutelle dans laquelle le juge des tutelles a laissé au majeur protégé la capacité d'accomplir certains actes seul, ou avec l'assistance de son tuteur.

Tuteur

Personne qui représente le majeur placé sous tutelle et agit à sa place dans la plupart des actes de la vie civile. Pour certains actes importants, comme les actes de disposition, le tuteur doit obtenir l'autorisation du conseil de famille ou du juge des tutelles. Le tuteur est nommé par le conseil de famille, ou, à défaut de conseil de famille, par le juge des tutelles. Le conseil de famille ou le juge doit désigner, de préférence, le tuteur parmi les proches de la personne protégée, avec, en priorité, le conjoint ou le partenaire de Pacs. S'il n'existe aucun proche susceptible de remplir cette fonction, un mandataire judiciaire à la protection des majeurs (MJPM) peut être désigné. Selon le cas, le tuteur est assisté d'un subrogé tuteur ou d'un tuteur ad hoc.

Tuteur ad hoc

Ad hoc signifie ici « pour accomplir un acte précis ». Lorsqu'il n'existe pas de subrogé tuteur, un tuteur ad hoc peut être désigné pour accomplir certains actes déterminés que le tuteur n'a pas le pouvoir de faire. Un tuteur ad hoc peut également être nommé lorsqu'il existe un conflit d'intérêts entre le tuteur et le majeur protégé. La désignation d'un tuteur ad hoc peut être décidée d'office par le juge des tutelles, ou intervenir à la demande du tuteur lui-même, du procureur de la République ou de tout intéressé.

Tuteur à la personne

Voir Curateur à la personne.

Tuteur aux biens

Voir Curateur aux biens.

A

B

C

D

E

G

H

I

L

M

Éditrice : **Malika Moulai**
Rédactrice en chef : **Édith Tavignot**
Rédacteurs : **Jean-Léon Gantier, Arnaud Saugeras**
Responsable d'édition : **Marianne Rouet**
Chef de fabrication : **Aurélien Sebag**
Couverture et réalisation : **Acis&Galaté**
Conception graphique : **Matthieu Mercier**
Assistante d'édition : **Laurence Petit**

Cet ouvrage a été réalisé en collaboration avec **Rosine Maiolo**
Avec la participation de **Soukaina Bensouda**

14, bd Haussmann - 75009 Paris Cedex
Directeur de la publication : **Marc Feuillée**
Impression, façonnage : Nouvelle imprimerie Laballery
Crédit photo : © Zhenikeyev - Istockphoto
Numéro d'impression : 907356
Dépôt légal : septembre 2019

La liste de nos ouvrages est consultable sur ***leparticulier.fr***